LITTÉRATURE, HISTOIRE, POLITIQUE
sous la direction de Catherine Coquio, Lucie Campos
et Emmanuel Bouju
48

Rwanda, un deuil impossible

Ce volume paraît sous la responsabilité éditoriale de Catherine Coquio.

Dady de Maximo Mwicira-Mitali

Rwanda, un deuil impossible

Effacement et traces

Édition critique par Florence Prudhomme

Postface d'Antoine Mugesera

PARIS
CLASSIQUES GARNIER
2021

Dady de Maximo Mwicira-Mitali, survivant du génocide de 1994 perpétré contre les Tutsi au Rwanda, vit aujourd'hui au Danemark. Militant des droits humains, entrepreneur social et culturel, journaliste, cinéaste et créateur de mode, animateur d'émissions de radio, il est depuis décembre 2015 membre du conseil d'administration du Centre d'art sur la politique migratoire (CAMP-Danemark).

Florence Prudhomme, philosophe, a créé en 2004 l'ONG Rwanda avenir après un parcours conjuguant la solidarité internationale et la psychanalyse. Elle a publié *Rwanda, l'art de se reconstruire*. En 2014, elle a créé l'atelier de mémoire et a publié avec Michelle Muller *Cahiers de mémoire, Kigali, 2014* et *Cahiers de mémoire, Kigali, 2019*.

ISBN 978-2-406-11378-2 (livre broché)
ISBN 978-2-406-11379-9 (livre relié)
ISSN 2259-9479

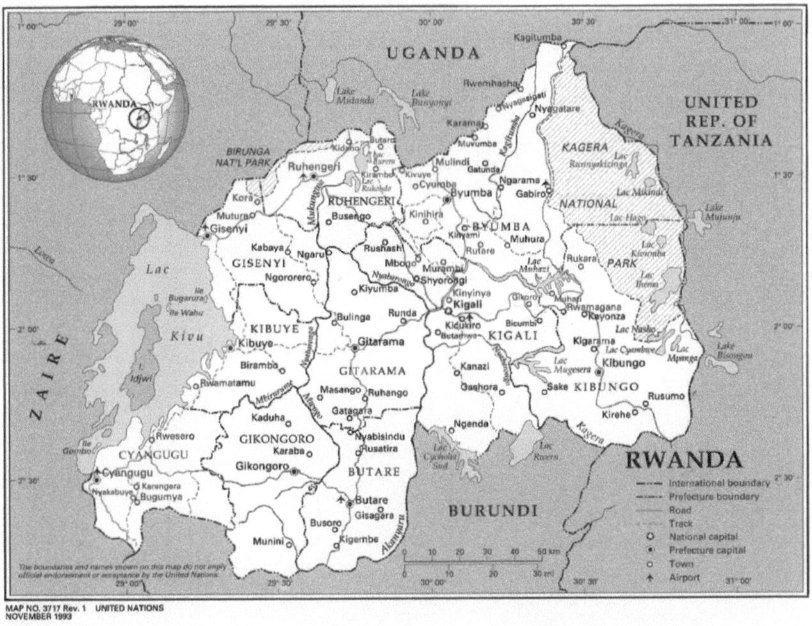

FIG. 1 – Carte du Rwanda, Rwanda, Map N° 3717 Rev. 1, November 1993, United Nations.

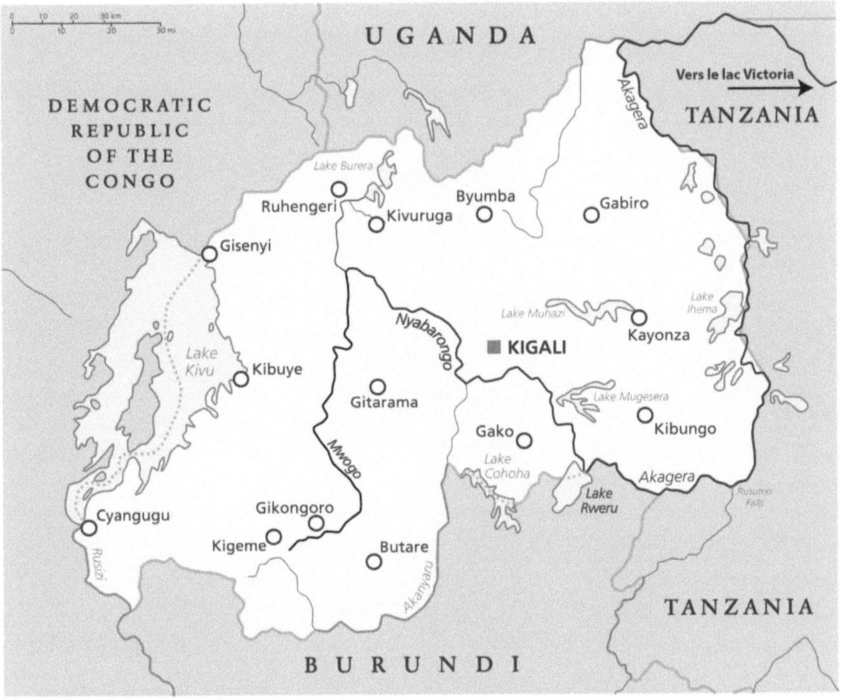

FIG. 2 – Parcours de la Nyabarongo, de sa source jusqu'en Ouganda, tracé basé sur la carte United Nations, voir p. 7.

Constituée de petites rivières situées dans la forêt de Nyungwe, la Nyabarongo porte successivement les noms de Rukarara, de Mwogo et enfin de Nyabarongo. Elle remonte vers le nord, contourne Kigali, avant de redescendre vers la frontière avec le Burundi où elle rencontre l'Akanyaru, à la hauteur du lac Rweru. Avec son affluent, elle devient l'Akagera, qui marque la frontière entre l'est du Rwanda et la Tanzanie. Elle remonte vers le nord et bifurque vers l'est pour se déverser dans le lac Victoria, en Ouganda. Elle est considérée comme l'une des sources du Nil.

SIGLES

APR	Armée patriotique rwandaise.
CDR	Coalition pour la défense de la République.
CND	Conseil national de développement.
CNLG	Commission nationale de lutte contre le génocide.
CPCR	Collectif des parties civiles pour le Rwanda.
ETO	École technique officielle.
FAR	Forces armées rwandaises.
FARG	Fonds d'assistance aux rescapés du génocide.
FPR	Front patriotique rwandais.
ISAR	Institut des sciences agronomiques du Rwanda.
MDR	Mouvement démocratique républicain.
MIJEUMA	Ministère de la Jeunesse et du Mouvement associatif.
MINUAR	Mission des Nations unies pour l'assistance au Rwanda.
MRND	Créé en 1975, le Mouvement révolutionnaire national pour le développement, parti unique, est rebaptisé Mouvement républicain national pour le développement et la démocratie (MRNDD), en 1991 lors de l'instauration du multipartisme.
ONU	Organisation des Nations unies.
PARMEHUTU	Parti du mouvement de l'émancipation hutu.
PL	Parti libéral.
PM	Police militaire.
RADER	Rassemblement démocratique rwandais.
RANU	Rwandese National Union.
RDC	République démocratique du Congo.
RTLM	Radio-télévision libre des mille collines.
SEVOTA	Solidarité pour l'épanouissement des veuves et des orphelins visant le travail et l'autopromotion.
TPIR	Tribunal pénal international pour le Rwanda.
UNAR	Union nationale rwandaise.
UNHCR	Haut-Commissariat des Nations unies pour les réfugiés.

« ESSAYEZ DE REGARDER. ESSAYEZ POUR VOIR[1]. »

Dady a douze ans. Le 25 avril 1994, sa vie s'effondre. Jusqu'alors, le jeune enfant ne connaissait d'autre péril que celui que sa mère encore enfant avait encouru en 1973. Noyée dans la Nyabarongo[2], elle en avait réchappé par miracle, contrairement à tous les membres de sa famille, et elle avait longtemps peiné à lui en délivrer le récit. Elle l'évoquait parfois, presque tacitement, par une formule restée longtemps énigmatique et mystérieuse pour l'enfant : « Mieux vaudrait encore retourner à Ndiza[3] ! » Ndiza est devenu le symbole de la torture subie par sa mère, rescapée de la noyade à l'âge de quatorze ans.

Cette scène, cette énigme maternelle, est une scène originaire, initiale et traumatique. Incompréhensible, indéchiffrable. L'enfant ne dispose d'aucun élément pour la comprendre ni d'aucun mot pour la décrire et s'en défendre. Imprégnée d'une violence sous-jacente, non dite, elle l'accable à jamais. Elle sous-tend l'horreur qu'il va vivre à son tour quelque vingt et un ans plus tard, exercée sur le corps d'un enfant de douze ans. Une scène où l'effroi et la sidération s'emparent de lui. L'horreur vécue par sa mère devient la sienne. Sa vie est fendue de haut en bas. Dans le désastre du printemps 1994, il voit, il entend, il vit le pire. Il est abusé par une foule bruyante, excitée, joyeuse, obscène. Le génocide[4] a lieu.

1 Delbo, Charlotte, *Aucun de nous ne reviendra*, Paris, Minuit, 1970, p. 135 et p. 137.
2 Voir p. 7 et p. 9.
3 Voir p. 47.
4 Entre 1994 et 2003, le génocide des Tutsi n'avait pas de terme précis en kinyarwanda. Il s'est intitulé *Intambara*, « la guerre », puis *Itsembabwoko*, « massacre d'un groupe » et enfin *Itsembabatutsi*, « massacre des Tutsi ». Le terme *Jenoside* adopté par la Constitution de 2003 deviendra *Jenoside yakorewe Abatutsi*, « génocide à l'encontre des Tutsi », lors de la réforme constitutionnelle de 2008.

Dans les récits, les cahiers de mémoire[5] et les témoignages qui nous parviennent, un certain nombre de situations ne sont pas nommées explicitement et rarement décrites. Le viol est l'une d'elles. Peut-être la principale. Les évocations à ce sujet restent souvent vagues, en raison de la langue, le kinyarwanda[6], et de la pudeur[7] extrême des Rwandais. Il suffit de parler de la nudité pour que l'offense soit dite tout entière. Aucun rescapé ne peut oublier les victimes suppliciées exposées nues aux yeux de tous. L'horreur est trop forte, on la tait encore. Toutes ces situations, Dady ne cesse de se les remémorer avec précision, acuité et douleur.

Des noms et des appels au secours étaient hurlés lors des viols. Les parents ou les voisins entendaient sans voir, mais distinguaient et devinaient. « Ceux qui criaient était nos parents, nos amis, nos connaissances. À bout de douleur, ils nous appelaient. Morts de peur, nous reconnaissions les voix, les noms. Pour torturer davantage encore les victimes, les *Interahamwe*[8] leur ordonnaient d'appeler leurs proches, non sans leur avoir fait savoir auparavant qu'aucun d'eux ne viendrait, puisque tous avaient déjà été tués. Ils citaient avec arrogance les noms, le lieu et le jour de leur mort[9]. »

« Le raccourci[10] », c'est le flux, la vitesse, le chemin le plus rapide, que les militaires et les *Interahamwe* avaient décidé de faire emprunter aux Tutsi pour les déporter morts ou agonisants jusqu'en Abyssinie[11], qu'ils prétendaient être leur pays d'origine. Âgé de dix ans, Dady n'a sans doute jamais entendu les discours prémonitoires et menaçants qui

5 Prudhomme, Florence, avec Muller, Michelle (dir.), *Cahiers de mémoire, Kigali, 2014*, Paris, Classiques Garnier, 2017 et *Cahiers de mémoire, Kigali, 2019*, Paris, Classiques Garnier, 2019.

6 Pour « violer », on utilise le verbe *kubohoza*, qui signifie « s'approprier par force », « s'emparer ». Voir n. 11, p. 131.

7 Une expression rwandaise parmi d'autres l'exprime explicitement : « Les larmes d'un homme coulent vers l'intérieur ».

8 Voir n. 3, p. 52.

9 Voir p. 125.

10 En 2008, Dady de Maximo Mwicira-Mitali réalise le film *By the Shortcut, Par le raccourci, Iy'ubusamo*. Pour présenter ce film en France, Marie-Odile Godard, psychanalyste, écrivait : « Pendant trois heures un flot d'images et de paroles. Images d'archives inédites, images de morts secs, de morts gonflés par l'eau du lac Victoria, images de victimes coupées, voire découpées quasi scientifiquement, images de rescapés torturés par les mots qui ne veulent pas sortir pour décrire le viol, images de prisonniers repentants devant un rescapé pardonnant, images de génocidaires tranquilles, qui, si c'était à refaire, ne changeraient rien. » Ce film a été projeté pour la première fois en France à Nantes par l'association *Subiruseke*, lors de la quinzième commémoration du génocide des Tutsi.

11 L'Empire éthiopien, également appelé Abyssinie, est situé au nord de l'Éthiopie.

annonçaient le dernier génocide du vingtième siècle. Le 22 novembre 1992, face à une foule d'un millier de personnes, Mugesera[12] Léon, vice-président du MRND[13] pour la préfecture de Gisenyi, avait promis de renvoyer les Tutsi dans le pays d'où ils venaient. Insidieusement les rumeurs ethnistes se répandaient de manière persistante autour d'eux et visaient à faire d'eux des citoyens illégitimes, des étrangers. Il fallait les *éliminer* et les renvoyer de toute urgence dans leur pays. Par le chemin le plus court et le plus direct, par « le raccourci » de la rivière Nyabarongo censée les reconduire « chez eux ».

Pourquoi la haine ? Pourquoi les humiliations, les exclusions, les insultes, pourquoi les tortures et les massacres ? Pourquoi la cruauté ? Le texte de Dady de Maximo Mwicira-Mitali est rempli de questionnements persécutifs, auxquels semble répondre en des termes thérapeutiques et analytiques, avec des mots qui soignent et éclairent, le texte de Marie-Odile Godard[14], « Aux sources de la Nyabarongo. Des mots à la cruauté[15] ». Celle qui fut aux côtés du Dr Naasson Munyandamutsa l'une des thérapeutes les plus présentes auprès des rescapés du génocide répond par le paysage de la rivière, la Nyabarongo, dont les rives sont constituées par les mots de la culture rwandaise, des mots « humanisants », qui en sont le ferment. Avec la colonisation est arrivée l'éradication de cette culture commune : « Les piliers de la culture, les histoires, les proverbes

12 Voir n. 2, p. 87.

13 MRND, Mouvement révolutionnaire national pour le développement, fondé en 1975 par le président Habyarimana. Parti unique, il est rebaptisé en 1991, après l'instauration du multipartisme, Mouvement républicain national pour le développement, dont le mouvement de jeunesse a pris le nom d'*Interahamwe*, regroupant les miliciens responsables du massacre des Tutsi.

14 Marie-Odile Godard (1950-2018) psychologue, psychanalyste, maître de conférences à l'université Jules Verne de Picardie, a effectué dès avril 1995 de longs séjours au Rwanda. Elle a participé avec le Docteur Naasson Munyandamutsa, Amélie Mutarabayire-Schafer et Eugène Rutembesa à la mise en place d'un programme de soutien aux rescapés du génocide des Tutsi dans les procès *gacaca*, qu'elle a ensuite coordonné pour Médecins du monde et Ibuka. Marie-Odile Godard a notamment publié « Le fond d'horreur partagé », *Quand la nuit remue*, Penser/Rêver, Paris, Mercure de France, 2003/3, p. 53-71 ; « Événement et psychanalyse », *Historicités*, La Découverte, 2009 ; avec Ukeye Marie-Josée, « Enfants du viol : questions, silence et transmission », Le Télémaque, 2012/2, n° 42, Presses Universitaires de Caen ; « Réveiller la mémoire », *Cahiers de mémoire, Kigali, 2014*, Classiques Garnier, 2017 ; *Docteur Naasson Munyandamutsa, l'umupfumu : un psychiatre à l'épreuve du génocide*, Academia-L'Harmattan, 2019 (publication posthume).

15 Godard, Marie-Odile, « Aux sources de la Nyabarongo. Des mots à la cruauté », in Neau, Françoise (dir.), *Cruautés*, Paris, PUF, 2004.

étaient dévoyés, les mots étaient tordus, leurs sens retournés jusqu'au point aride de la cruauté[16] » ; « Phrases et proverbes sont détournés au profit du crime. Dans ces ordres qui ont scandé l'organisation du génocide, tout est dit : les Tutsi sont des choses ou des bêtes nuisibles qu'il faut éradiquer[17]. »

Marie-Odile Godard explore les sources de la cruauté dans l'inconscient comme dans la langue. Elle prend en exemple le bourgmestre de Mbazi, près de Butare, qui encourageait les tueurs à l'aide de proverbes détournés : « Avant de brûler le chiendent, il faut l'entasser » ; « Pour mieux abattre l'arbre, il faut le déraciner » ; « Avant de tuer un serpent enroulé sur une calebasse, il faut d'abord casser la calebasse » ; « Lorsque l'on chasse des souris, on n'épargne pas celles qui sont en gestation » ; « Lorsqu'il y a un seul rat dans la maison, au bout de quelques jours, la maison est remplie de rats. »

Dans ces distorsions de la langue est née et s'est développée l'idéologie génocidaire, la justification idéologique, la logique même de l'extermination des Tutsi. C'est ce que dit en d'autres mots le Dr Naasson Munyandamutsa qu'elle cite : « Comme le génocide est difficile à comprendre, on dit : "c'est un coup de folie collective". C'est dangereux d'avancer une telle hypothèse, parce qu'elle légitime la thèse de l'irresponsabilité individuelle… Je peux simplement penser qu'à un moment donné, les gens avaient été suffisamment préparés, entraînés, organisés. Dans leur monde intérieur, ils avaient accueilli le mal et on les a invités à entrer en transe… Je parle d'une organisation subtile, qui a pris beaucoup d'années, qui a su travailler la profondeur de la psyché des Rwandais[18]. » Il ajoute : « Les Tutsi et les Hutu sont différents. Tous, Hutu et Tutsi l'ont internalisé, et ils ont su le transmettre à leurs enfants. Avec le temps, les stéréotypes se sont inscrits, selon lesquels il fallait tuer les Tutsi parce que ce sont des criminels qui se sont présentés comme les plus intelligents ; parce que ce sont des envahisseurs qui n'appartiennent pas à cette culture[19]. »

En d'autres termes, Marie-Odile Godard rapporte les paroles d'un génocidaire qui se confie à Jean Hatzfeld : « Un enfant hutu était

16 Godard, Marie-Odile, *ibid.*, p. 66.

17 *Ibid.*, p. 77.

18 de Vulpian, Laure, *Rwanda, un génocide oublié, un procès pour mémoire*, Bruxelles, Complexe, Paris, France Culture, 2004, p. 62.

19 *Ibid.*, p. 61.

emmailloté à sa naissance dans une haine anti-Tutsi avant d'avoir eu le temps de poser son regard sur le monde[20] » et elle ajoute : « Chaque enfant savait qu'il était né hutu, légitime et maltraité par les Tutsi ou qu'il naissait tutsi, illégitime et étranger. Chacun connaissait les massacres répétés de Tutsi ; chacun connaissait les quotas et les discriminations. Chacun emmagasinait les chants et les rixes des *Interahamwe*, chacun savait[21]. »

Au cours de cet endoctrinement forcené, les Tutsi ont perdu leur langue et leurs paroles, – tout rassemblement de plus de cinq personnes a été interdit dès 1959[22] –, ainsi que leurs traditions notamment funéraires qui recelaient leur dignité même.

L'inscription des stéréotypes ethnistes dans la psyché collective rappelle la mise en garde de Victor Klemperer : « Le nazisme s'insinua dans la chair et le sang du grand nombre à travers des expressions isolées, des tournures, des formes syntaxiques qui s'imposaient à des millions d'exemplaires et qui furent adoptées de façon mécanique et inconsciente [...]. Les mots peuvent être comme de minuscules doses d'arsenic : on les avale sans y prendre garde, ils semblent ne faire aucun effet, et voilà qu'après quelque temps l'effet toxique se fait sentir[23]. »

Durant le génocide, des milliers de Tutsi ont été jetés dans les rivières du Rwanda et leurs corps ont rejoint le lac Victoria en Ouganda, où dix-sept mille quatre cent quatre corps ont été repêchés. Dady ne peut s'ôter l'horreur des yeux. L'absence de ceux qui ont été emportés par la rivière, leurs corps décomposés par les flots et leur abandon hors du Rwanda natal sans que leurs noms soient connus l'affligent.

Dans son pays, Rithy Panh n'oublie pas davantage les âmes errantes et partage avec Dady une même aspiration : « Trouver mes parents, mes sœurs et mes frères. Leur parler. Leur donner un tombeau[24]. »

Dady est emporté par le flux de la Nyabarongo, peuplé d'ombres, de disparus, de morts. Il suit leur trace sur l'eau, leur empreinte invisible,

20 Hatzfeld, Jean, *Une saison de machettes*, Paris, Seuil, Fiction & Cie, 2003 et Points Documents, 2005, p. 85.

21 Godard, Marie-Odile, *op. cit.*, p. 82.

22 En novembre 1959, les violences et les meurtres contre les Tutsi ont été pour la première fois désignés par le terme de *Muyaga*, « le vent » et plus particulièrement le vent fort, quelque chose qui vient dont on ne sait où et qui va on sait où.

23 Klemperer, Victor, *LTI, la langue du IIIe Reich*, Paris, Albin Michel, 1996, p. 40.

24 Panh, Rithy et Bataille, Christophe, *La paix avec les morts*, Paris, Grasset, 2020, p. 148.

il suit le cours du fleuve. Il s'arrête dans les villages qui surplombent la rivière à Butamwa, à Ndiza, à Rukumberi, à Runda, à Nyange. Pour chaque victime, il refait le trajet de la mort dans son intégralité, il le situe dans le paysage, il s'arrête, il redit l'anéantissement de chacun, il le voit. Il interroge les rares survivants des familles décimées, il décline l'identité de ceux qui ont disparu, il les cite un par un, il reconstitue leur généalogie[25]. Dans la famille de sa mère, près de cent personnes ont péri, une par une, lors des massacres perpétrés en 1973 et lors du génocide des Tutsi en 1994. Sa mère et lui sont pratiquement les seuls survivants, ainsi que son frère aîné et sa sœur, qui perdra la vie en 2014.

Sur le lac Victoria s'achève le destin des noyés. Dady parle avec ceux qui ont repêché les corps et les ont enterrés du mieux possible. Il interroge les lieux en Ouganda. Il devine le destin de ceux qui ont disparu sous des tertres anonymes. Il lui est insupportable de vivre sans leur rendre hommage. Les oublier serait un sacrilège, un abandon définitif et une victoire pour les bourreaux. Dady leur fait don d'un livre-mémorial où ils retrouvent leur nom et leur dignité.

Ceux qui au Chili au cours de l'année 1973 ont vu flotter à la surface du fleuve Mapocho les cadavres et les corps gonflés des victimes de la dictature du général Pinochet ont gardé cette même scène dans leur regard[26]. Jusqu'où sont partis les corps ?

Dans le lit de la rivière comme dans les eaux du lac Victoria, le corps des mères flotte à la surface, leur enfant près d'elle. Ce jour-là, en 1994, à Ddimo, les pêcheurs ougandais horrifiés verront le corps d'une femme enceinte de deux jumeaux. Ils cesseront le travail. Le lien de la mère et des enfants anéanti par un geste d'une barbarie inouïe brûle leurs yeux, les aveugle, déchire leur regard et leur corps tout entier. Dady en reste tétanisé et abasourdi.

En 2019, un plongeur italien n'a pas été moins saisi de stupeur, quand il a découvert la mère et l'enfant, enlacés l'un à l'autre, flottant au niveau des fonds marins, près de l'île de Lampedusa. La vision de ce « petit corps tout près de sa mère a été comme recevoir un coup de pied au ventre… Le fait qu'ils étaient si proches l'un de l'autre et les bras de

25 *Kwibuka*, « Se souvenir ». Cette adresse précède la longue liste des disparus que les rescapés prononcent avec déchirement lors des cérémonies mémorielles, principalement le 7 avril.

26 *Chili 1973, une ambassade face au coup d'État*, film de Carmen Castillo, 2019.

la femme autour de l'enfant laissaient penser qu'elle l'avait tenu serré contre elle jusqu'à la fin[27]. »

Dady ne cesse de vouloir savoir à quoi pensait le jeune enfant avant la mort. Il aurait voulu être près de lui, recueillir ses dernières paroles pour les inscrire dans une double archéologie, l'une historique, chronologique, suivant le fil des massacres qui se sont succédés en 1959, 1963[28], 1973, 1990 pour aboutir au génocide, et l'autre, auto/biographique, lorsque la découverte enfantine du monde explose en plein élan, lorsqu'elle est sectionnée en plein vol[29]. Des enfants ignorants tout de l'alphabet du génocide, qui avaient plus ou moins son âge et dont les voix se sont perdues au fond des rivières.

Le lien brisé de l'enfant à sa mère se démultiplie en souffrances infinies quand l'enfant resté vivant ne sait pas où repose le corps défunt de sa mère. Qu'il s'agisse d'enfants dont les mères ont disparu durant le génocide des Tutsi ou d'une jeune fille iranienne dont la mère a été assassinée en prison, à la fin des années quatre-vingts. À sa fille, Chowra Makaremi[30], on indique l'hypothétique emplacement des tombes des détenus politiques. Sur place elle découvre que les tombes sont vides. Quelques années plus tard, cherchant encore et toujours l'emplacement, elle découvre que l'espace funéraire a été transformé en un rond-point. Bétonné. Lisse. La localisation a disparu. Je la cite : « Au cœur de cette histoire de violence et de déni, j'enquête en dressant la cartographie de ce qui reste, quand l'histoire a effacé les êtres et s'attache à gommer

27 *Ouest France*, 17 octobre 2019. Cette évocation n'est en rien étrangère à Dady de Maximo Mwicira-Mitali qui, en février 2013, a écrit *If the sea could talk*, en mémoire des migrants noyés dans la Méditerranée, sur le site *visAvis*, Danemark, dédié aux voix de l'asile et de la migration : « *Imagine if the sea could talk. Unfortunately it is impossible, but if possible this would be the time to lend our ears to different sounds, cries and songs but also to the many testimonials filled by the endless cries of distress.* »

28 Voir p. 23-42.

29 « Le désarroi de l'enfant au Rwanda s'inscrit dans ce qu'il a perdu comme repères, comme référence, un cadre dans lequel il était censé construire sa maturation. Ce cadre, constitué essentiellement par son univers relationnel, ses parents en premier, sa fratrie, ses voisins, ses pairs, son village, etc., figurait les murs de représentation d'où il recevait des éléments essentiels pour sa maturation, pour la construction de son identité. Ce cadre a été détruit ou métamorphosé et il ne s'y reconnaît plus. », Munyandamutsa, Naasson, *Questions du sens et des repères dans le traumatisme psychique. Réflexions autour de l'observation clinique d'enfants et d'adolescents survivants du génocide rwandais de 1994*, Genève, Médecine & Hygiène, 2001, p. 37.

30 *Hitch, une histoire iranienne*, film de Chowra Makaremi, 2019.

les contours de la disparition. » On entend Dady, autre pays, mêmes paroles, même question, même désespoir sans limite et sans lieu. Ou Rithy Panh : « Chasser les êtres, les tuer, tuer les vivants mais aussi les morts, par l'abandon effroyable du corps : je ne connais pas de plus noir paysage[31]. » Ce que Florent Georgesco appelle « le double effacement des corps et de la singularité des vies[32] ».

Ce souvenir réitératif, la vision dévastée du corps de la mère à la surface du lac, le corps de son enfant près d'elle, conduit le périple mémoriel de Dady. Il a voulu localiser la dernière demeure des corps noyés, celui de la mère et ceux de ses enfants.

« Où êtes-vous, maintenant ? Avez-vous trouvé la paix[33] ? », demande Rithy Panh qui sillonne son pays, à la recherche des ossements des siens disparus quand il était un enfant qui avait pratiquement le même âge que Dady. Mais la recherche reste vaine, la localisation est impossible, le paysage a changé, oublieux des morts qu'il renferme. Sans lieu, le souvenir est contraint à une errance insoutenable. Les familles endeuillées demeurent dans une incertitude invivable. Le deuil est impossible, là où il n'y a ni corps ni traces ni lieux. La mémoire ne dispose d'aucun ancrage où les retrouver, elle erre à jamais, à l'image de l'âme des défunts.

Au Rwanda, les rescapés qui ne retrouvent pas le corps des leurs poursuivent la trace muette et introuvable de leur disparition. Lors de la découverte des charniers et des fosses communes[34], lors des exhumations, l'espoir de les retrouver s'emballe à nouveau. François Nyarwaya a participé à la recherche des ossements sur les collines de Kigali et contribué à l'enterrement des victimes, mais il n'a ni retrouvé ni enterré aucun des siens sur sa colline d'origine à Gikongoro. Il tente de s'apaiser en espérant qu'ils ont été inhumés eux aussi parmi les corps retrouvés et ramassés sur place[35].

---

31 Panh, Rithy et Bataille, Christophe, *op. cit.*, p. 50.

32 Georgesco, Florent, « Lire l'empreinte des vies détruites », *Le Monde*, 31 janvier 2020.

33 Panh, Rithy et Bataille, Christophe, *ibid.*, p. 7.

34 Les fosses communes ont été recensées dans tout le pays, huit cents sites contenant plusieurs charniers furent répertoriés dans le « Rapport préliminaire d'identification des sites du génocide et des massacres d'avril-juillet 1994 au Rwanda », Ministère de l'Enseignement supérieur, de la Recherche scientifique et de la Culture, Commission pour le mémorial du génocide et des massacres au Rwanda, Kigali, février 1996. Cité par Dumas, Hélène, « Comment juger un génocide ? », *Politique étrangère*, 2015/4 (Hiver), p. 39-50.

35 Voir Nyarwaya, François, « Le vol de mon enfance », *Cahiers de mémoire, Kigali, 2019*, Paris, Classiques Garnier, 2019, p. 164.

Sur les lieux de massacres, les survivants ont recueilli des ossements, des morceaux de tissu, des objets ayant appartenu à ceux qui sont demeurés sans sépulture et ils les ont rassemblés dans des mémoriaux[36] où ils peuvent honorer la mémoire des disparus. Mais les mémoriaux qui *peuplent* le pays ne peuvent donner les noms de toutes les victimes. Aucun nom ne figure sur les sépultures des rives du lac Victoria. Dady souffre de leur anonymat. Il voudrait leur rendre « une individualité, un visage, une existence civile, une dignité[37] » et leur statut d'« entités uniques[38] ». Avec sa langue d'enfant il parle avec les morts[39] et fait entendre leurs voix noyées dans la Nyabarongo.

Au-delà du Rwanda, Dady de Maximo Mwicira-Mitali dessine la topographie de la terreur génocidaire. Il en établit l'archéologie. Il parle pour les familles décimées, pour les enfants qui n'ont pas survécu et pour l'enfant qu'il était et qui a gardé intacts les visions et les mots d'alors. Il sera apaisé lorsque seront connus et lus les noms enserrés dans ce livre-mémorial. Sa requête aura été entendue par les défunts et les vivants.

Florence PRUDHOMME

---

36 Il existe deux cent dix mémoriaux à travers le pays. Six sont classés de niveau national : Gisozi, Nyarubuye, Nyamata, Ntarama, Bisesero, Murambi. Auxquels s'ajoutent les mémoriaux de district et les églises ensanglantées (Nyange, Kabarondo, Kibeho…). À l'école de Murambi, des dizaines de milliers de personnes s'étaient rassemblées, croyant y trouver la sécurité, elles furent effroyablement massacrées. Dans l'église de Nyamata, les 14, 15 et 16 avril 1994, cinq mille Tutsi furent assassinés et sur les collines de la commune, entre le 11 avril et le 14 mai 1994, cinquante mille Tutsi sur cinquante-neuf mille furent massacrés. La cathédrale de Nyundo connut des tueries de grande ampleur, le 7 et le 9 avril. Puis le 1er mai, où deux cent dix-huit rescapés des massacres précédents furent à leur tour assassinés. Justiceinfo, Fondation Hirondelle, 23 décembre 2016 et 23 avril 2019.

37 Douki, Caroline, *Corps perdus*, En attendant Nadeau, 14 janvier 2020, p. 1.

38 Arendt, Hannah, *Condition de l'homme moderne*, Paris, Calmann-Lévy, 1958.

39 « L'écrivain écrit dans la langue de ceux au nom desquels il écrit », exergue de Chalamov, Varlam, à la première publication française de son livre « *Article 58* ». *Mémoires du prisonnier Chalamov*, Paris, Gallimard, 1969.

PREMIÈRE PARTIE

1963, LES PRÉMICES DE L'ASSASSINAT DES TUTSI PAR NOYADE

UN DEUIL IMPOSSIBLE

Je me suis posé beaucoup de questions avant d'écrire sur le génocide perpétré contre les Tutsi. J'ai passé de longs mois sans trouver de mots pour décrire ce que j'avais vu de mes propres yeux. Puis, j'ai compris que les Tutsi n'avaient pas seulement été massacrés en 1994, mais que cette année-là le processus génocidaire avait franchi l'étape finale et fatale de leur extermination.

Je n'arrivais pas à décrire ce que j'avais vu et vécu ni à dire l'innommable. Mais ceux qui étaient plus âgés que moi savaient qu'il n'y avait rien de très nouveau dans le processus enclenché en 1994, si ce n'est l'ampleur de la cruauté et le caractère systématique, organisé et mûrement préparé de l'extermination. La haine des Tutsi avait été massivement diffusée à coups de propagande et d'endoctrinement tout aussi systématiques.

Au cours des années 1959, 1963, 1973, 1990 et 1992, les Tutsi avaient déjà subi des massacres et des tortures, ils avaient perdu de nombreux membres de leurs familles et comptaient parmi les leurs quelques rares survivants des tueries.

J'ai survécu au génocide en 1994 et j'en ai gardé des séquelles physiques et psychiques. Je ne pense pas en guérir un jour, mais la vie doit continuer et je dois vivre, à l'instar de mes aînés qui ont continué à se battre et à vivre malgré tout. Parmi les survivants des années antérieures, certains ont finalement été tués en 1994 et d'autres ont survécu, une fois encore.

En peu de mots, en tant que survivant de ce génocide, je n'ai pas peur de dire que les Hutu possédaient le mode opératoire des tueries, ils en avaient l'expérience, ils en avaient acquis le savoir-faire et ils trouvaient ça « normal ». Exterminer tout un peuple exige bien évidemment de savoir comment s'y prendre. En 1994, les choses se sont accélérées, tel l'épilogue d'une action longuement préparée, réfléchie et expérimentée. Les Hutu savaient tuer vite et ils agissaient avec une efficacité redoutable.

On ne peut pas écrire sur la mise à mort des Tutsi par noyade pendant le génocide sans se demander si cette méthode a été utilisée auparavant ou si elle a été innovée à la dernière minute après le crash de l'avion présidentiel et la mort du président Habyarimana[1] Juvénal. Le crash a été l'élément déclencheur du génocide. Certains osent prétendre qu'il en a été la cause. Mais dans l'instant même où l'accident a eu lieu, les Hutu sont sortis de chez eux, les armes à la main. Tout était prêt. L'ordre de tuer a été proclamé, l'ordre d'exterminer les Tutsi jeunes ou vieux a été lancé. Les tortures, les noyades, les viols se sont multipliés à une allure vertigineuse. Les voisins se sont aussitôt mis au « travail ». Les Hutu tuaient les Tutsi comme ils l'avaient appris par le passé, y ajoutant un zèle absolu, propre au génocide.

Dans la nuit du 6 au 7 avril 1994, quelques minutes ont suffi pour que les massacres des Tutsi gagnent tout le territoire du Rwanda. Beaucoup ont été tués dans les instants qui ont immédiatement suivi le crash. Les maisons ont été brulées, les femmes violées dans la stricte continuité de ce qui avait été fait auparavant. Le génocide commis en 1994 était l'acte final d'une pièce écrite depuis longtemps.

Quand j'ai survécu au génocide des Tutsi, j'étais jeune et je me suis dit qu'il serait utile de donner la parole à ceux qui étaient jeunes en 1963 et qui sont aujourd'hui des grands-parents. Je les ai écoutés pour transmettre à ma conscience les mots qu'elle ne parvenait pas à prononcer. J'ai découvert que les rescapés de ces atrocités n'avaient pas eu le droit d'exprimer leur douleur ni même de la nommer. Il leur était interdit de dire ce qu'ils avaient vécu. Personne ne les a aidés à panser leurs blessures, personne ne les a écoutés ni consolés. J'ai écouté les paroles qu'ils ont dû taire, après avoir été face à la mort et obligés de faire comme si rien ne s'était passé. La souffrance est un fardeau d'autant plus lourd à porter qu'elle est cachée et tue.

Ceux qui le pouvaient ont fui, d'autres sont restés au pays, où ils ont connu le pire. Quand ils parlent de leurs souffrances, ils expriment ce qu'ils ont ressenti quand ils étaient enfants et combien ils ont souffert à l'époque. Toute leur tristesse est restée enfouie et étouffée depuis si longtemps. Quand on survit à un génocide, on peut grandir. Mais le témoignage ne grandit pas, il porte la voix de l'enfant, tel qu'il était, avec les mots d'alors, car la mémoire garde intacts les faits et les émotions, les dates et les lieux. Rien ne devient anachronique ou caduc. Nous autres rescapés, nous fondons notre vie sur ce que nous avons subi. Rares sont

1 Voir n. 4, p. 52.

les chanceux qui ont pu reprendre une vie normale, les autres sont restés bloqués dans leur histoire.

Que s'est-il passé en 1963 ?

Il faut revenir quelques années auparavant. En 1961, la royauté a été abolie à la suite de ce qui a été appelé la « révolution sociale » ou la « révolution hutu ». Le parti Parmehutu[2] a pris les rênes du pouvoir.

À cette époque, plusieurs partis politiques voient le jour. Certains étaient monarchistes, tels l'Unar ou le Rader. D'autres se réclamaient ouvertement du *Manifeste des Bahutu* (1957), c'est le cas du Parmehutu. L'Unar, indépendantiste, était composée de deux tiers de Tutsi et d'un tiers de Hutu. Le racisme anti-Tutsi se propage, il contamine la totalité du pays. « Ses promoteurs avaient l'appui du pouvoir colonial et missionnaire[3]. » « Partisans de l'Unar » était une insulte comparable à celle utilisée à partir de 1990, « complices des *Inyenzi* ». Elle vaut condamnation et sévices. Les menaces visaient principalement des personnalités influentes et des membres de l'Unar qui se sont exilés dans les pays limitrophes, où ils se sont organisés.

En juillet 1960, l'Assemblée législative de quarante-huit députés ne comprenait aucun membre de partis indépendantistes. Sur les deux cent vingt-neuf bourgmestres mis en place, aucun membre indépendantiste non plus. Sur les trois mille cent vingt-cinq conseillers communaux investis, seuls 1,7 % provenaient des rangs indépendantistes. « À vrai dire, c'en est fini avec ces derniers. Le pouvoir de tutelle belge s'assure ainsi que l'indépendance sera gérée par ses alliés hutu et que les intérêts occidentaux seront sauvegardés[4]. »

2 Fondé en 1991, lors de l'instauration du multipartisme, le MDR prend ses racines dans l'ancien Parmehutu, instigateur des pogroms de 1959, 1963 et 1973. Il est tout d'abord un parti d'opposition au MRND. Fin 1993, il se divise en deux courants. L'un est favorable aux négociations avec le FPR et l'autre proche du Hutu Power est mené par Kambanda Jean qui sera en avril 1994 Premier ministre du gouvernement intérimaire responsable du génocide. Quant au MRND, il reste le parti dominant du président Habyarimana qui finira par rallier à ses côtés le MDR.

3 Mugesera, Antoine, « La marche forcée des Tutsi vers leur extermination », *Cahiers de mémoire, Kigali, 2019*, Paris, Classiques Garnier, 2019, p. 393.

4 *Ibid.*, p. 394.

Les exilés, regroupés au sein de l'Unar, tentèrent de rentrer au pays. Mais c'était chose impossible. Le MDR-Parmehutu et ses maîtres belges s'y opposaient farouchement. À l'étranger, au Burundi, en Ouganda, en Tanzanie, l'Unar comptait trois branches qui lancèrent conjointement des attaques, appelées les « incursions » des *Inyenzi*. Menées avec des armes traditionnelles et sans la moindre formation militaire, elles étaient vite démantelées parfois bien avant la frontière rwandaise. Ainsi celle du 25 novembre 1963, lancée au sud du Rwanda, arrêtée par la gendarmerie nationale du Burundi.

Lors de l'attaque du 21 décembre 1963, les exilés s'emparèrent du camp militaire de Gako, dans le Bugesera. Là, ils furent stoppés par la Garde nationale rwandaise, appuyée par les militaires belges, au pont de Kanzenze où ils furent battus et écrasés. Ils perdirent beaucoup des leurs. Les survivants se replièrent au Burundi, ceux qui avaient été capturés furent exécutés de sang-froid. Des tentatives à Bugarama et à Nshiri furent également repoussées.

Ces attaques ont servi de prétexte pour exterminer les Tutsi de l'intérieur, notamment dans les régions de Cyangugu où des familles entières ont été décimées et à Gikongoro où les maisons des Tutsi ont été détruites et incendiées. Les corps noyés dans les rivières Rukarara et Mwogo ont été charriés jusque dans la Nyabarongo.

Je ne pouvais écrire au sujet des massacres des Tutsi en 1994, notamment par noyade, sans parler des répétitions du génocide qui ont eu lieu lors des années antérieures. Les deux témoignages qui suivent ont été recueillis auprès de ceux qui n'étaient que des enfants en 1963, comme moi-même je l'étais en 1994. Le cœur d'un enfant qui a vu l'innommable est blessé à jamais, il ne peut guérir qu'en arrivant à affronter ses souffrances, à en parler avec dignité, sans peur ni pleurs. Mais l'enfant n'oublie pas le mal qu'on lui a fait subir. À ces enfants de 1963, qui n'ont connu ni compassion ni empathie, je donne l'occasion de pleurer alors qu'ils n'en ont pas eu le droit. Je leur prête mon épaule et je leur ouvre mon cœur.

POURQUOI SE HÂTER VERS LA MORT ?

Témoignage de Tatien Ndolimana Miheto

Je suis né le 21 janvier 1960, c'est-à-dire en plein massacre des Tutsi par leurs voisins hutu. Je pourrais dire en plein génocide[1], même si ce crime contre l'humanité à ce moment fatal de l'histoire du Rwanda n'était pas encore qualifié comme tel.

Je suis marqué depuis ma plus tendre enfance par le souvenir des Tutsi « génocidés » par noyade dans la rivière Nyabarongo et ses affluents, les rivières Rukarara, Mbirurume, Mwogo, Base, Nyabugogo et Akanyaru.

Maudite[2] soit la rivière Rukarara qui a englouti tant de Tutsi, dont les membres de ma famille qui habitaient près de ses rives.

Ma souffrance, mon traumatisme, ma lutte pour la vie et la dignité commencent très tôt, lors du triste Noël rouge au Rwanda. À partir du 24 décembre 1963, alors que je n'avais pas même quatre ans, dans la préfecture de Gikongoro (actuel district de Nyamagabe) et plus particulièrement dans les sous-préfectures du Bufundu et du Bunyambilili, des milliers de Tutsi ont été tués, dont dix mille dans le seul Bufundu. Pour beaucoup ils ont été jetés dans les rivières Mwogo et Rukarara qui ont englouti des milliers de Tutsi de la région.

---

1 Dès 1959, eurent lieu les premiers massacres des Tutsti, appelés la Toussaint rwandaise. Elle fit vingt mille morts. Les biens des Tutsi ont été pillés et leurs maisons brûlées. Un grand nombre de Tutsi s'exilèrent vers les pays limitrophes. En 1963, beaucoup ont tenté de rentrer dans leur pays. Des massacres éclatèrent à leur égard et tout autant à l'égard des Tutsi de l'intérieur. Au Bufundu, ces tueries massives ont été appelées le « petit génocide » de Gikongoro. Voir la déclaration de Bertrand Russell à ce propos, p. 160.

2 « Les riverains des cours d'eau et des lacs ont une relation ambigüe avec l'eau. La considèrent-ils comme un élément malfaisant ou bienfaisant ? On ne sait mais dans la culture rwandaise, il arrive qu'une personne lance une insulte à son adversaire, en lui souhaitant de mourir emporté par telle et telle rivière ou tel ou tel lac. "Que tu périsses noyé dans la Nyabarongo", dit le premier et l'autre de répliquer "Que tu tombes raide mort dans le lac Kivu" ». Mugesera, Antoine, « Les noyés du génocide : aveux et témoignages », Kigali, *Dialogue*, N° 190, mars 2010, p. 53.

Affligé par la cruelle Rukarara, chargée de son lourd bilan de morts, je me souviens avec une tristesse toute particulière de toi, mon grand-père maternel, patriarche de la colline Kinyana, et je te pleure depuis l'enfance chaque fois que je pense à ton assassinat. J'étais trop jeune pour me rappeler vraiment de toi et me souvenir de ton visage, mais je sens toujours tes caresses sur mon front, mes joues et mes oreilles pendant que je jouais avec ta longue barbe. Grand-père, dès mon jeune âge, j'ai surpris ma mère qui te pleurait, alors qu'elle revivait avec ses sœurs ce Noël rouge de 1963. Elle finira par me révéler le calvaire qu'elle avait subi durant tous ces jours et depuis je porte moi aussi son chagrin et le devoir de perpétuer la mémoire de mes chers parents et de tous les Tutsi tués.

Grand-père Kanonora Yohani, c'est du fond d'un cœur meurtri que je me rappelle comment tu es mort martyrisé par la sauvagerie de tes voisins ; je me souviens de ce moment où votre voisin Festo, accompagné par deux autres Hutu, te fracassa la tête avec un gourdin. C'était le premier jour des massacres de ce Noël 1963. Je pense souvent à cette scène douloureuse et je t'imagine, transporté à ton domicile de Rugali Rw'abareshya sur la colline de Kinyana par tes fils Karekezi, Mugema et le jeune Gakwaya, avant que tu ne leur ordonnes de te quitter pour fuir les tueurs. Rempli d'une colère intarissable, je vois cet autre tueur, venu te couper les tendons avec sa machette et te laisser mourir lentement. Je vois Burengo et ses fils. Burengo, ton voisin, qui est venu te cracher au visage chaque matin et chaque soir tandis que tu agonisais dans les bras de ta chère épouse Adèle. Je vois Burengo qui revient, t'achève d'un dernier coup de massue et sacrifie ta belle-sœur en la couchant contre ton corps inerte en criant avec cynisme et impudeur : « Vas-y Kanonora, fais l'amour avec la mère de ta belle fille[3] », tout cela devant ta chère épouse, ma grand-mère.

Grand-mère, je revis douloureusement ce moment fatal où toi, dont la tête avait été entourée de branches acérées de cactus (*ibitovu*), tu as été frappée à coups de machette et de bâton sur les tendons, les fesses et les épaules par des gamins hutu qui s'initiaient aux massacres des

3 Comme l'écrit Marie-Odile Godard, *op. cit.*, p. 77-78 : « Dans ce génocide les tabous ont été scrupuleusement réalisés, les injures ont été mises en actes. Toutes ont été utilisées : "Puisses-tu couper les seins de ta mère" ; "Puisses-tu coucher avec ta mère" et les fils devaient le faire. "Puisses-tu forniquer avec ta sœur" ; "Puisses-tu manger le sexe de ta sœur" et les frères devaient le faire. »

Tutsi. Tu fus conduite et jetée dans la cruelle Rukarara par ce même Burengo et sa bande, où figuraient le fameux Ndemeye[4] et ses fils, dont Nyandwi Desideri, qui t'avaient torturée tout au long de l'agonie de ton cher époux, mon grand-père, durant « neuf jours de torture et d'agonie » – comme le répéteront chaque année tes filles, dont ma mère Kampundu. Elles eurent le courage de commémorer ta mort et celle de ton mari dans la plus grande discrétion ; elles l'ont commémorée durant trente années, de 1964 jusqu'à leur propre mort, quand les Hutu qui vous avaient tués en 1963 les exterminèrent en 1994 dans la sous-préfecture de Bunyambilili.

Chère grand-mère, tu as laissé dans notre région une phrase qui est restée dans la mémoire de tous. Quand les tueurs t'ont dit de te presser sur le chemin qui conduisait à la rivière et à la mort, tu leur as répondu : *Nimwihute mwe mugaruka* : « Hâtez-vous vous-mêmes, vous qui pourrez rentrer chez vous… » Sous-entendant qu'ils te conduisaient toi dans un lieu dont tu ne reviendrais jamais, directement à la mort par noyade dans la terrible Rukarara.

Et toi, Sagahutu André, mon grand-père paternel, tu as été tué en décembre 1963 comme mon grand-père maternel. Je pense à ton courage mais surtout à ta souffrance. Mon cœur est meurtri à l'évocation de ta mise à mort, quand les Hutu t'achevèrent à coups de pierres, après une résistance de deux jours où tu t'es ardemment défendu, seul avec ton arc contre une horde de tueurs.

Ma pensée ne quitte jamais mes oncles paternels Kayinamura et Higiro qui furent tués : le premier découpé en morceaux sur la colline Tunani, le second la poitrine fracassée d'un coup de massue, bras et jambes liés avant d'être jeté dans la rivière Rukarara.

À dix ans, j'ai connu une torture qui ne m'a jamais quitté depuis. C'est encore une fois la rivière Rukarara qui en est responsable, là, à l'endroit précis où elle s'est frayé un passage souterrain qui sert de pont, à Ntaruka. Depuis décembre 1963, le lieu est jonché de squelettes de Tutsi. J'ai été traumatisé jusqu'à la moelle des os lors de mon premier passage sur le pont naturel de Ntaruka, qui marque à jamais tout être

4 Ndemeye habitait à quelque cinq cents mètres de chez mes parents. Ayant participé à l'assassinat par noyade de ma grand-mère, il ne fut plus autorisé à venir chez nous. Ma mère avait juré ne plus jamais le saluer ni tolérer sa présence. De janvier 1963 au 7 avril 1994, Ndemeye n'a plus jamais remis les pieds chez nous.

humain qui est amené à sauter par-dessus les crânes de Tutsi mêlés à des pierres, à des branches d'arbres et autres déchets, pour passer de la région du Bunyambilili à la région du Bufundu sur l'autre rive de la rivière. Ce pont naturel de Ntaruka est aussi terrifiant que le site mémorial de Murambi[5], près du chef-lieu du district de Nyamagabe (anciennement préfecture de Gikongoro). Mais il est plus impressionnant encore, dans ce paysage sombre, sauvage et dévasté, où les crânes des Tutsi n'ont jamais pu être pleurés par les leurs. Ce souterrain où gisent des squelettes m'a terrifié dès mon enfance et cet effroi ne m'a plus jamais quitté. Avant que ce souterrain ne soit empli de cadavres des Tutsi, ce pont naturel n'avait jamais connu de crues saisonnières (*kurengerwa n'amazi*), y compris pendant les plus fortes pluies. Dans la région, on disait en cachette : *Ntaruka isigaye yuzura bitarigeze mu mateka yayo*, (« Le pont naturel de Ntaruka n'est plus à l'abri des crues comme il l'avait toujours été avant les massacres de 1963 »). Depuis ce traumatisme advenu au pont de Ntaruka, je tremble chaque fois que je passe sur un pont, où que je sois et ici même en Belgique quand je suis au volant de ma voiture.

À ma connaissance, pas un seul Tutsi adulte de la région, si courageux soit-il, n'a jamais osé passer seul sur le pont de Ntaruka. En voyant les crânes des nôtres tour à tour couverts d'herbes et de saletés apportées par les pluies ou le plus souvent à découvert pendant la saison sèche, la peur et la souffrance ressenties sont telles qu'on peut défaillir et sombrer dans la cruelle rivière. « Cruelle » est le qualificatif employé communément pour désigner cette rivière considérée comme responsable de la mort des Tutsi en 1963. Il leur était interdit de nommer les tueurs ou d'évoquer leurs crimes, au risque d'être taxés d'extrémistes, voire de terroristes. Les Tutsi « accusaient » donc la rivière Rukarara ou le vent (*Muyaga*[6]) d'être responsables du massacre des leurs, tout en sachant qu'ils avaient été tués par leurs voisins hutu. Tout Tutsi qui aurait osé dire que des Hutu avaient tué des Tutsi risquait d'être emprisonné. Au cours de leurs crises traumatiques, certains s'en prenaient violemment à la rivière, l'insultaient et la traitaient de tous les noms.

J'ai souffert d'entendre les miens, je veux dire mes parents, mes sœurs, mes frères, mes cousins, mes amis, mes voisins tutsi, forcés de

5 Murambi, voir n. 36, p. 21.

6 On a parlé ainsi du *muyaga* de 1959, du *muyaga* de 1963, du *muyaga* de 1973 pour désigner les vagues successives de massacres. Voir n. 9, p. 131.

chanter en chœur avec des Hutu. Pour la plupart, ces chants du groupe Abanyuramatwi de Gitarama glorifiaient le Parmehutu et considéraient le vent *muyaga* de 1963, autrement dit les massacres de décembre 1963, comme un acquis de la victoire de ce parti. Ils étaient imposés à tous les Rwandais, y compris aux enfants dès l'école primaire pour célébrer la « révolution sociale » et « le vent » de la révolution. Tout petit, cela me révoltait et je courais crier et pleurer ma souffrance dans un coin en jurant de venger un jour les miens, déplorant l'impuissance de mes parents que j'avais crus pourtant puissants et capables de refuser cette résignation.

Depuis l'école primaire en 1966 jusqu'au génocide commis sur toutes les collines du Rwanda en 1994, comme tous les autres Tutsi, j'ai vécu un système d'apartheid avec son lot de pogroms anti-Tutsi pour finir par subir le pire, ce génocide au bilan incommensurable.

Aujourd'hui, rescapé du génocide de 1963 et de celui de 1994, mon cœur est lourd, mon cerveau est hagard, je regarde avec effroi tous ces corps exhumés et réinhumés en dignité sur toutes les collines du Rwanda depuis la fin du génocide jusqu'à aujourd'hui encore.

Après le génocide, le Rwanda et les Rwandais, nous nous sommes consolés parce que les génocidaires ont finalement été vaincus et que le Rwanda est dirigé par ceux qui ont mis fin au génocide, mais la triste réalité est que dans ma région natale j'embrasse le vide. Oui, elles sont vides nos collines, plus aucun Tutsi à Kinyana, ma colline natale, plus personne à Kirwa, à Gasharu, Bwenda, Bunyoma, Kibumbwe, Gakanka, Kabarera, Nyakizu, Nyakiza, Murambi, Karehe, Kavumu, Kaduha, Runyinya, Mushegesho, Jimbu, Mushubi, Cyobe, Kibonwa, Ngoma, Rusi, Bitaba, Cyugaro, Musenyi, Mugano, Sovu, Turyango, Kibaga, Kibande, Nkore, Masagara, Jenda, Mugote, Bugarama, Shyembe, Joma, Tunani, Nyagane, Rubego.

Sur les autres collines du Rwanda, aucune des familles tutsi ne fût épargnée. Au Bunyambilili, ma région, ils n'y sont plus, ils ne sont plus là tous les membres de nos familles et des clans Basinga, Banyiginya, Batsobe, Bega, Bakono, Baha, Basharangabo, Baroha, Bashambo, Bacyaba, Bazigaba, Bahabanyi, Bagunga, Babanda, Banyakarama, Banama, Bahima, Bahindiro, Bagesera... Le Bunyambilili est la région la plus enclavée du Rwanda, elle rendait toute fuite impossible, nous laissant à la merci des tueurs. Cette région a fait partie de la zone du Rwanda qui fût occupée par l'opération militaire française dénommée opération Turquoise depuis le 22 juin 1994 jusqu'à l'extermination totale des Tutsi. Au Bunyambilili, seuls ont miraculeusement survécu en 1994 une centaine d'enfants tutsi, réfugiés dans une école secondaire et un centre de santé à Kaduha[7], ainsi qu'une dizaine d'adultes qui constituent, Dieu merci, le socle de notre mémoire.

Je pleure indistinctement mes frères et sœurs tutsi exterminés sur toutes les collines du Rwanda, mais hélas mon cœur est trop lourd, mon esprit est ailleurs, je rêve de retrouver ne fût-ce que le corps d'un seul des membres de ma famille pour payer ma dette en lui disant au revoir et en l'enterrant en dignité selon les règles de notre culture. J'ai perdu mes repères, je m'en veux de ne pas pouvoir communiquer avec les miens qui sont partis sans parler, sans nous laisser un message, conformément à nos usages et coutumes[8], alors que nous avions perdu tout espoir de survivre à ce génocide. Entre nos morts et nous les survivants, se trouve érigé un mur infranchissable, édifié par les tueurs qui savent tout sur la mort des nôtres mais ne nous disent rien. Leur silence est une torture qui nous ronge et nous égare. Chers disparus, je hais ces tueurs dont je ne connais pas le nom, ces voisins qui ne révèlent pas où se trouvent vos corps. Si au moins je pouvais retrouver un vêtement, une chaussure, un simple objet ou un morceau de tissu ayant appartenu à l'un ou l'autre d'entre vous, ils me permettraient de faire mon deuil, alors que vos corps ont été engloutis à jamais…

Quelle fût ma vie, ma survie après le génocide en 1994 ? Avec d'autres réfugiés, nous avons eu la vie sauve à l'hôtel des Mille Collines dans la capitale de Kigali. J'en ai été évacué le 29 mai 1994. À la seconde même, j'ai ressenti ce moment comme un miracle. *Imana*, le Dieu du Rwanda, me faisait renaître de mes cendres, Dieu décidait de prolonger

7 Sœur Milligitha Koïser de la congrégation des Sœurs de la miséricorde, originaire du diocèse de Münster en Allemagne, vivait au Rwanda depuis dix-neuf ans lorsque débuta le génocide des Tutsi. Elle était alors responsable du centre de santé communautaire de Kaduha au sud-ouest du Rwanda. L'extermination des Tutsi à la paroisse de Kaduha a débuté le 21 avril 1994. Chaque soir, accompagnée de quelques-uns des ouvriers qui étaient à ses côtés, Sœur Milligitha est allée rechercher parmi les corps ceux qui agonisaient mais respiraient encore pour les soigner dans son centre. Elle a pu sauver quatre-vingt-dix-neuf personnes, essentiellement des enfants.

8 Durant toute cette période de tueries et de noyades et plus tard en 1994, il nous a été impossible d'enterrer nos morts en dignité. Leurs corps avaient disparu. Selon nos traditions et coutumes, non seulement nos morts devaient être enterrés, mais au cours d'une cérémonie d'adieu, le parent confiait ses recommandations et ses messages et la famille l'accompagnait dans ses derniers moments.

ma vie pour accomplir une mission noble, celle d'œuvrer jour et nuit pour l'accomplissement de la volonté des Tutsi qui périrent sous les coups et dans la haine sans nom de leurs voisins hutu. Cette date, ce miracle n'est pas le privilège du seul Miheto ; tout rescapé du génocide où qu'il soit a connu une date miracle, une date de réveil et de prise de conscience et, partant, il partage avec moi ce devoir, cette mission, cette dette à payer contre vents et marées à tous les nôtres qui nous ont quittés dans la souffrance, le désarroi et le désespoir total.

Chers frères et sœurs rescapés, quelle est donc cette dette ? Quelle est cette mission ? Oui, au-delà du devoir de mémoire, de la digne inhumation des nôtres, de la justice, de l'assistance aux plus faibles, de la réparation pour nous tous ; au-delà de la noblesse d'esprit et au-delà de l'intelligence ; au-delà de la force de vaincre la haine ; au-delà du réflexe de vengeance ; au-delà de la réussite dans la vie de tous les jours, au-delà de tout cela, quelle est notre dette, quelle est notre mission en réponse à la volonté de nos chers disparus emportés par le génocide ?

Je le répète, quelle est notre mission fondamentale ?

Poser la question, c'est y répondre.

Que Dieu nous protège.

NOËL ROUGE DANS LE BUFUNDU

Témoignage de Havugimana Emmanuel[1]

J'avais huit ans. À cette époque, j'étais en deuxième année primaire. C'était la veille de Noël 1963. Mardi 24 décembre, vers dix-sept heures, je gardais les vaches de mon grand-père. J'ai vu sur la colline voisine un homme pourchassé par une bande de paysans. Ceux qui le poursuivaient s'interpelaient en langage codé, disant : « C'est un oiseau qui s'échappe à travers la bananeraie. » Vers dix-huit heures trente, j'ai rentré les vaches et j'ai constaté que tout le monde avait peur. Ma grand-mère et ma mère chuchotaient, plus qu'elles ne parlaient à voix haute, elles avaient le regard inquiet, épiant le moindre bruit.

Cette nuit-là, un homme du nom de Gasamunyiga Victor, qui habitait près du centre commercial Miko, là où habite aujourd'hui la famille Bagirubwira[2], a été attaqué par une bande de Hutu qui voulaient s'emparer de ses vaches. Il les a dispersés avec son arc et ses flèches, puis il s'est précipité vers le bureau communal pour demander de l'aide. Le policier de garde, un réserviste, du nom de Tadeyo, originaire de Ruhengeri, voyant l'homme courir avec son arc et ses flèches, a cru que la commune était attaquée. Il a mis un genou à terre et lui a tiré dessus. Le lendemain matin, le jour de Noël, le policier a déposé son cadavre sur les escaliers du bureau communal avec sa lance dans une main, son arc et ses flèches dans l'autre. Sa tête avait éclaté et son cerveau en était sorti, après avoir reçu la balle dans la tête. Il a cherché des prisonniers pour le transporter à Gikongoro. Le bourgmestre de la

1 Dr Havugimana Emmanuel (PhD) a été président du Conseil d'administration de la Commission nationale de lutte contre le génocide (CNLG) de 2016 à 2019, date à laquelle il a été élu sénateur.

2 Bagirubwira était un commerçant, membre actif du Parmehutu. Après avoir tué Gasamunyiga Victor, il a été « récompensé » par l'attribution de la parcelle et des biens de Victor.

commune de Rukondo était à l'époque Munyarubindo Grégoire, beau-frère du préfet de Gikongoro, Nkeramugaba[3] André, tueur bien connu.

Ce même jour, vers huit heures du matin, une jeune fille effrayée est arrivée chez nous en courant, elle nous a dit qu'en allant à la messe à Cyanika, elle avait croisé des paysans armés de lances et de machettes. Ils affirmaient que « la guerre avait commencé ». Mon grand-père a continué à traire les vaches et, quand il a eu fini, je les ai amenées paître. Vers quatorze heures, quand les vaches se reposaient après avoir bu, mon grand-père m'a dit : « Garde bien les vaches et surveille-les, je vais à Manywari pour une réunion de sécurité. »

Je n'ai rien remarqué d'inhabituel jusque vers dix-sept heures, quand Senyoni, notre voisin, est arrivé vers moi. Il était accompagné d'un policier communal nommé Mubiligi, originaire de Gatoke, qui portait une arme à feu. Senyoni m'a demandé où se trouvait Kaberuka, mon oncle paternel. J'ai répondu que je ne savais pas. Il m'a donné un coup de bâton sur les épaules, m'a regardé droit dans les yeux pour me faire peur. Je lui ai dit : « Il a couru quand il vous a vus venir. Il est monté à travers le champ de manioc. » Senyoni a dit en swahili, *Ndiyo* ! (« Ok ! ») Ils ont continué leurs recherches chez mon oncle Gakwandi Isaïe qui habitait à proximité, à l'endroit appelé Kukibumbiro, près de l'abreuvoir de nos vaches. Ils y ont trouvé sa femme Mukamusonera Astéria et trois de leurs enfants. Le quatrième, le fils aîné vivait chez ses grands-parents maternels. Ils ont giflé Astéria, dont la grand-mère était hutu, et ils lui ont dit : « Tu es hutu, nous ne pouvons pas te tuer, mais nous pouvons tuer tes enfants et te les faire manger. »

À l'époque Gakwandi enseignait à Butare et ne rentrait que le samedi. C'était les vacances de Noël. Lorsque l'insécurité s'est accrue, il a pris son vélo et il a fui vers Butare où la situation était plus calme. Ne le trouvant pas, Senyoni et le policier ont continué leur chemin vers Murugina.

Quand je suis rentré à la maison avec le bétail à la tombée du jour, j'ai trouvé ma mère et ma grand-mère envahies par la peur. Elles m'ont dit que Senyoni et le policier leur avaient raconté comment ils avaient tué mon grand-père. Senyoni se massait les bras, disant qu'il se sentait

---

3 Nkeramugaba André, préfet de Gikongoro, a été promu premier de la liste pour les élections législatives de 1965, en rétribution de ses services zélés dans cette préfecture qui fut l'une des plus touchées à l'époque.

fatigué comme une femme qui a passé la journée à moudre le sorgho. Ils avaient battu mon grand-père et d'autres hommes avant de les conduire à environ deux kilomètres du lieu de la réunion pour les jeter dans la rivière Rukarara. Nous n'avons pas dormi cette nuit-là, nous nous attendions à ce que les Hutu viennent s'emparer de nos vaches pour les abattre.

Le lendemain, Mbangukira Patrice, qui travaillait chez mon grand-père et habitait à Mutiwingoma, est arrivé. Mon grand-père gardait neuf de ses vaches. Il les a prises pour les conduire en sécurité chez lui. Lorsqu'il est arrivé à Karambo (Kivomo), les tueurs l'ont dépouillé de toutes ses vaches. Ils les ont abattues pour se partager la viande, ne lui en laissant qu'une seule, Inkangura, qui était la dot de ma tante maternelle Mukandutiye Nathalie. C'est la seule qu'il nous a ramenée à la fin de ces événements.

Jeudi matin, le 26, après la mort de mon grand-père Sebatware, une bande de femmes et d'enfants est arrivée chez nous pour piller. Parmi eux, il y avait Ngendahimfura et Bugiruwenda. Chacun prenait ce qu'il voulait. La veille, nous avions mangé du manioc et des haricots. Les femmes et les enfants ont soulevé les pots, bu le lait et vidé les marmites. Ils ont mangé et bu en ricanant. Ngendahimfura a emporté la valise que ma mère avait achetée cent-vingt francs rwandais[4]. À l'époque, c'était beaucoup d'argent. C'était le prix de dix bouteilles de bière Primus qui coûtait chacune douze francs rwandais. Bugiruwenda, notre voisin le plus proche, a pris la chaise de mon grand-père et s'est assis ostensiblement dessus. Il a dit : « Voilà ! Qui vivra longtemps verra ses ennemis mourir. Je suis enfin confortablement assis sur la chaise de Sebatware ! »

Voyant venir l'attaque, ma mère avait pris peur, elle avait regardé ma sœur Mukankusi Stéphanie, elle m'avait regardé. Elle avait réalisé que ces gens pouvaient nous tuer sous ses yeux. Elle nous avait alors montré Astéria qui partait chez ses parents avec ses enfants et nous avait demandé de les suivre. Nous avons couru à vive allure pour les rattraper.

Les assaillants ont pillé toute notre maison sous les yeux de ma mère et ma grand-mère impuissantes. Ils ont tout renversé. La maison de mon grand-père a pris feu vers dix heures. La paillasse sur laquelle nous dormions est tombée dans le foyer pour la cuisson, les cloisons en

4 Soit aujourd'hui environ huit mille francs rwandais (huit euros).

bambou se sont enflammées et ont embrasé toute la case. On a raconté que ma mère et ma grand-mère avaient elles-mêmes mis le feu à la maison pour se suicider. C'était un pur mensonge.

De notre côté, nous avons fini par rattraper Astéria et ses enfants et nous avons poursuivi le chemin ensemble jusque chez ses parents. Son père tutsi se cachait chez ses beaux-frères, mais la grand-mère hutu restait avec nous. Pendant la journée, nous étions avec elle et la nuit nous allions dormir chez une autre famille hutu. Nous sommes restés là durant deux semaines.

Aussitôt après notre départ, mon maître d'école en deuxième année primaire, Mr Sekimondo Félicien, est arrivé chez nous. Il a demandé à ma mère où j'étais. Il voulait, disait-il, « m'envoyer à l'ONU[5] » plaider la cause des Tutsi qui risquaient d'être exterminés. Il a dit que j'étais un garçon très intelligent, capable de convaincre les Nations unies pour qu'elles envoient des troupes qui sauveraient les Tutsi. Sekimondo faisait allusion à une délégation de l'Unar qui, en octobre 1960, devant l'Assemblée générale des Nations unies, avait réussi à convaincre le Conseil de sécurité de voter une résolution recommandant le retour du *mwami* Kigeli V Ndahindurwa au Rwanda d'où il avait été chassé par les Belges. Pris de panique, dès le 28 janvier 1961, les Belges ont organisé le congrès du parti Parmehutu, qui a proclamé la République et aboli définitivement la monarchie au Rwanda. Mais en 1963, employer l'expression « envoyer un Tutsi à l'ONU », c'était le dénoncer et le condamner.

Le vendredi 27 décembre, nous avons été attaqués. L'attaque était dirigée par Ngendahimfura, le petit frère de Mpigakamondo. Il a levé sa machette pour couper le cou de mon cousin Bizimana Charles, mais tel un ange gardien, Sebulimbwa Justus, un catéchiste protestant, est intervenu. Il a attrapé le bras de Ngendahimfura et lui a arraché sa machette. Il a chassé les assaillants qui sont repartis, sans faire de victimes.

Dimanche matin, le 29 décembre, le conseiller Ntegeye Boniface, qui habitait à Bunyagiro, a donné des coups de sifflet pour informer la population. Il a crié : « La paix est revenue ! Ne touchez plus à aucun Tutsi ni à leurs biens ! » Peu à peu, tout le monde est sorti de sa cachette. Mais ceux qui s'étaient précipités pour sortir au grand jour ont vite été tués.

5 Menacés, les Tutsi avaient l'espoir que l'ONU vienne à leur secours. Les Hutu se moquaient et les ridiculisaient en utilisant cette expression : « Allez-vous-en donc à l'ONU ! ».

Ruberandinda, résidant à Kivomo, est sorti d'un buisson. Le lendemain matin il a croisé Nyiragatwa et son fils Mapyisi qui se rendaient aux champs. Ils l'ont immédiatement tué avec leurs houes. Ils l'ont traîné dans notre champ de haricots, où il a été dévoré par les chiens. Deux semaines plus tard il se dégageait une telle odeur nauséabonde dans le champ que nous n'avons pas pu récolter les haricots et nous sommes aussitôt rentrés à la maison.

Quant à mon oncle Kaberuka Évariste, il s'était caché lui aussi dans des buissons. Profitant du clair de lune, il a effectué plus de dix kilomètres pour arriver chez l'employé de mon grand-père où il est resté caché durant un mois.

De nombreuses familles ont été décimées, mais ceux qui ont pu arriver jusqu'à la paroisse de Cyanika[6] ont survécu. Ils ont bénéficié de la protection du père de Jamblinne Stanislas, qui patrouillait tout autour du presbytère armé d'un fusil de chasse. Il a sauvé de nombreuses personnes en tirant en l'air, dès qu'un groupe de tueurs attaquait ceux qui accouraient vers la paroisse. Le 10 janvier 1964, le président de la République, Kayibanda[7] Grégoire, est venu exhorter les réfugiés à rentrer chez eux. Ils étaient alors plus de trois mille à la paroisse.

Les massacres de 1963 ont fait environ trente mille morts dans le pays, dont dix mille dans la région du Bufundu en deux semaines. Les corps charriés par la rivière Nyabarongo étaient tellement nombreux qu'ils ne purent passer sous le pont de Gatumba. Ils ont été poussés à l'aide de longues perches ou repêchés avant d'être de nouveau jetés dans la rivière en aval du pont. Pour le philosophe Bertrand Russell, le quotidien *Le Monde* et Radio Vatican, ce fut le premier génocide de l'histoire commis après celui des Juifs, lors de la Deuxième Guerre mondiale. Monseigneur Perraudin[8] effectua une tournée en Europe

6 Les Pères Blancs de Cyanika estimèrent « à près de cinq mille le nombre de victimes sur le territoire de la paroisse » et à « deux à trois mille les cadavres charriés par la grande rivière du Rwanda, la Nyawarungu (Nyabarongo) ». Article rédigé le 15 janvier 1964 par un groupe de missionnaires après des rencontres avec les Pères Blancs de Cyanika, Kaduha, Mbirizi, Nyamasheke. Ces massacres ont été connus grâce aux échanges des missionnaires catholiques de la paroisse de Cyanika avec un coopérant suisse, Gilles-Denis Vuillemin. Voir Chrétien, Jean-Pierre et Kabanda, Marcel, *Rwanda, racisme et génocide*, Paris, Belin, 2016, p. 165-181.

7 Voir n. 6, p. 53.

8 Maître à penser du président Kayibanda Grégoire, Mgr Perraudin, Père Blanc suisse, est nommé vicaire apostolique de Kabgayi en 1955, puis archevêque de Kigali. Le 19 février

pour démentir l'alerte donnée par la presse internationale, mais il n'y parvint pas. La désapprobation fut telle que le président Kayibanda fut obligé de prendre des mesures administratives de façade pour punir les responsables des massacres. C'est ainsi que Nkeramugaba André, préfet de Gikongoro, fut muté en préfecture de Kibungo au rang de sous-préfet. Il échangea son poste avec Temahagari Justin, originaire de Byumba, qui était sous-préfet à Kibungo. Et Ngirabatware[9] Pascal, surnommé Gahini (le Caïn de la Bible), ancien préfet de Cyangugu, fut muté à Gikongoro comme sous-préfet.

1959, il publie la Lettre pastorale *Super Omnia Caritas*, où il écrit : « Dans notre Rwanda, les différences et les inégalités sociales sont pour une grande partie liées aux différences de races, en ce sens que les richesses d'une part et le pouvoir politique et même judiciaire d'autre part, sont en réalité en proportion considérable entre les mains des gens d'une même race. » Ses propos ont été une déclaration de guerre contre les Tutsi et une incitation aux premiers massacres. En 1957, il avait supervisé la rédaction du *Manifeste des Bahutu*.

9 Ngirabatware Pascal figure dans la liste numéro 1 des tueurs de première catégorie établie en 1996 et publiée au Journal Officiel de la République Rwandaise.

DEUXIÈME PARTIE

« PAR LE RACCOURCI »

DES RIVIÈRES, DES LACS ET DES PONTS

Au Rwanda comme partout ailleurs dans le monde, il y a des ponts. Pendant le génocide en 1994, jeter les Tutsi dans les rivières était considéré comme un « raccourci », ainsi que le disaient les génocidaires. Ils se délectaient en jetant les Tutsi depuis les ponts. La façon dont ils furent tués et noyés ici et là était différente selon les régions. Ce fut le cas pour ceux qui furent tués sur les collines autour de la rivière Mwogo, à Kigeme, à Nyabisindu… Pour ceux qui furent tués sur les collines autour de la Nyabarongo, à Mushubati, à Nyakabanda, à Satinski, à Kibilira ; dans le Bugesera, à Kilinda, à Kivumu, à Shyorongi, à Butamwa, à Rukumberi…

Sur le pont situé entre l'ancienne préfecture de Gitarama, dans la commune de Mushubati, et l'ancienne préfecture de Kibuye, dans la commune de Kivumu, se trouvait une redoutable barrière, établie par les tueurs qui avaient fui Gitarama[1] quand le Front patriotique rwandais (FPR) avait mis fin au génocide là-bas. Aucun Tutsi ne pouvait traverser cette barrière tenue par des génocidaires enragés, qui n'éprouvaient aucune pitié à l'égard de qui que ce soit. Les Tutsi étaient égorgés et d'autres jetés vivants dans la rivière, en particulier des mamans qui portaient leur bébé au dos.

Nous nous souvenons de ceux qui furent tués sur les ponts de la Nyabarongo ou sur le pont de Ruriba qui relie Kigali et Gitarama. Sur le pont de Buruge[2] entre Gitarama, Gisenyi et Ruhengeri. Sur le pont entre Gitarama et Kibuye, dans les communes de Mushubati et de

---

1 Dès la mi-mai 1994, l'offensive du Front patriotique rwandais (FPR) s'est concentrée autour de Gitarama. La ville a été reprise par le FPR le 13 juin.

2 L'appellation de ce pont provient du nom de l'abbé Sylvain Bourguet, spécialisé dans les adductions d'eau, qui œuvra à l'amélioration des conditions de vie de la population, notamment pour l'accès à l'eau potable. Il vécut au Rwanda dès 1965, où il a formé des équipes en ce domaine.

Kivumu. Sur le pont entre Gitarama et Kibuye en passant par Gitwe et Kilinda. Sur le pont entre Kicukiro et le Bugesera, entre le Bugesera et Kibungo. Sur le grand pont à Rusumo qui signe la frontière entre le Rwanda et la Tanzanie. Ce pont se trouve sur le fleuve Akagera qui a pour affluents la Nyabarongo, l'Akanyaru et d'autres petites rivières. Dans tous ces endroits, beaucoup de Tutsi ont été abattus ou noyés encore vivants dans les flots. Il en était de même pour d'autres affluents de la Nyabarongo, telles les rivières Nyabugogo, Rukarara, Yanze, Mpazi… Selon les lieux où ils avaient été jetés, ces corps ont parcouru différentes distances avant d'arriver au lac Victoria. C'est ainsi que les Ougandais ont commencé à les découvrir. Parfois très tôt, dès le mois de mai 1994[3], et jusqu'à cinq mois après le génocide pour les derniers.

Les corps avaient différents aspects, certains avaient encore de la chair, d'autres étaient devenus blancs et ceux qui avaient parcouru de longues distances avaient commencé à se décomposer. Seuls nos proches disparus pourraient dire l'histoire de ce long voyage jusqu'au bout de la mort. Nous ne les oublierons jamais et nous accompagnerons les survivants qui ont lutté avec l'eau entre la vie et la mort et qui nous ont confié leurs témoignages.

---

3 Le 16 mai 1994, *L'Humanité* écrit : « Les Ougandais riverains du lac Victoria, situé à plus de cent cinquante kilomètres du Rwanda, ont commencé à creuser des tombes pour enterrer les milliers de cadavres de Rwandais que le fleuve Kagera continue à charrier et à rejeter dans le lac, notamment à l'ouest, dans les régions de Masaka et de Rakai où s'échouent des corps mutilés dans un état avancé de décomposition. Les villageois ont déjà enterré quelque vingt-six mille corps au cours des trois semaines écoulées… »

À NDIZA

Quand j'étais enfant, ma mère, dépassée par un nouvel épisode de violences, avait coutume de dire : « Mieux vaudrait encore retourner à Ndiza ! » Son fils que j'étais a toujours voulu savoir ce qu'était ce « Ndiza ». Elle peinait à me l'expliquer. Ce nom ne cessait d'évoquer les cauchemars qu'elle avait vécus dans sa jeunesse. Finalement elle trouva la force de me dire que Ndiza était une colline de la commune de Nyakabanda, dans l'ex-préfecture de Gitarama. En bas des collines, coule la Nyabarongo, qui prend naissance parmi les sources du Nil[1]. De l'autre côté, c'est l'ancienne préfecture de Gisenyi où sont situées les communes de Satinski et Kibilira. Là comme ailleurs, les Tutsi ont été tués et jetés dans la rivière entre 1959 et 1994. Ils étaient battus, traînés à terre, dépouillés de leurs habits et obligés de marcher nus devant leurs propres enfants et petits-enfants. Bon nombre mouraient avant même d'arriver à la rivière.

Ma mère précisa qu'en 1973 plusieurs familles tutsi, dont la sienne, avaient été persécutées là-bas sur les collines et que les membres de ces familles avaient été noyés dans la Nyabarongo où périrent enfants, hommes, femmes, personnes âgées.

Le 1er mars 1973, sous les ordres du bourgmestre Sibomana[2] Straton, les extrémistes hutu de Ndiza, mus par une puissante animosité, ont torturé les Tutsi jusqu'à ce qu'ils meurent dans une agonie des plus affreuses. Ma grand-mère que je ne connaîtrai jamais fit partie des victimes. Elle était enceinte de huit mois. Mon grand-père fut découpé à la machette, puis jeté dans la Nyabarongo.

Ma mère âgée de quatorze ans fut elle aussi jetée dans la rivière mais par miracle, à quatre reprises, la rivière ne voulut pas d'elle. La

---

1 En 2006, une équipe d'explorateurs a identifié la source la plus lointaine du Nil, au cœur de la forêt de Nyungwe dans le sud-ouest du Rwanda. Le Nil est issu de la rencontre à Khartoum (Soudan) du Nil blanc qui prend sa source dans le lac Victoria et du Nil bleu, issu du lac Tana (Éthiopie), rejoints par un troisième cours d'eau, l'Atbara.

2 Voir n. 3, p. 62.

cinquième fois, elle fut ligotée avant d'être de nouveau jetée dans la rivière. Dieu merci, elle en sortit indemne neuf heures plus tard grâce à Murindangabo Vénuste, un enseignant hutu bienveillant, qui la sauva de la noyade. Ma mère fut la seule rescapée de sa famille à Ndiza à cette époque. Tous ceux qu'elle aimait ont péri, elle est restée seule au monde. Un nombre infime de Tutsi a survécu sur la colline cette année-là.

En 1991, accompagnée par ses amis, elle est allée remercier Vénuste qui lui avait sauvé la vie. Elle lui a apporté une génisse en signe de gratitude, ainsi que le veut notre culture. Vénuste était toujours enseignant à Ndiza. En 2007, ma mère et lui se sont revus et ils ont parlé longuement de cet événement. Jusqu'à aujourd'hui Vénuste est resté le meilleur ami de ma mère. Récemment il l'a aidée à récupérer les terres de ses parents.

Je me suis posé mille questions sur notre sort. Je ne comprenais pas pourquoi ma grand-mère avait été traînée par terre, battue, mutilée ni pourquoi ma mère avait été jetée dans la rivière à plusieurs reprises. Il lui a été très dur de lutter pour survivre seule, sans personne sur qui compter. Et plus dur encore de pardonner aux bourreaux qui ont tué les siens et de bâtir une nouvelle vie.

J'ai sans fin cherché des réponses à ces questions[3]. J'ai tout tenté pour comprendre. L'histoire du pays des mille collines m'a appris que les tueries des miens s'étaient répétées de manière cyclique au fil des années. En 1959, en 1963, en 1973, en 1990, en 1992 et finalement en 1994, date à laquelle la mort des Tutsi par noyade devint l'une des armes favorites et systématiques des bourreaux.

Au Rwanda, la tradition veut que les morts soient enterrés en toute dignité[4] et je n'ai cessé de me demander quelle avait été la destination finale des Tutsi assassinés et jetés dans les flots des rivières. J'espérais qu'ils avaient été inhumés et je me demandais où ils reposaient.

---

3 C'est aussi la réflexion de Jacques Bloch. Résistant, déporté à Buchenwald, il a lu des centaines de livres sur la Shoah et les camps de la mort : « Tout ce qui était publié, je l'achetais. » Soixante-quinze ans plus tard, il avoue que tout ce savoir ne lui a finalement apporté aucune réponse fondamentale, *Le Monde*, 17 janvier 2020.

4 À la mort d'un être humain, son esprit devient l'un des *Abazimu* (« les esprits des ancêtres »). L'esprit de la personne décédée trouve le repos quand elle est enterrée dans le respect des rites funéraires. Née dans le ventre de sa mère, elle repose à sa mort dans le ventre du monde. Dans le cas contraire, l'esprit des ancêtres entre en colère. Les esprits non apaisés de parents morts peuvent nuire aux vivants et leur causer toutes sortes de malheurs (maladies, mauvaises récoltes, etc.).

En 1994, près d'un million de Tutsi ont été tués au cours d'un génocide sans précédent. J'ai vu l'espèce humaine perdre son humanité et se transformer en une bête féroce, j'ai vu le voisin ami d'hier devenir le pire ennemi. Ce que ma mère a vécu à quatorze ans, je l'ai vécu à douze. Et pire encore. Dix-huit adultes qui en principe auraient dû contribuer à mon éducation ont abusé de moi. Imaginez les cris de douleur d'un enfant auquel aucun secours n'est accordé.

Certes je ne suis pas le seul à avoir enduré une telle peine à ce moment-là, mais c'est là que j'ai décidé de m'impliquer dans la lutte pour la défense des droits de l'enfant pour qu'aucun d'entre eux ne connaisse l'horreur que j'ai vécue.

En 2004, j'ai eu vingt-deux ans. Pour moi, le moment était venu de montrer au monde le sort des victimes jetées dans les cours d'eau et les lacs durant le génocide. La raison en est simple : leur cas était rarement évoqué, il demeurait oublié et pour ainsi dire occulté.

Mukamitali Marie Claire, en 1992.

MA MÈRE, MES FRÈRES ET MOI

Mukamitali Marie Claire, ma mère, est née le 19 décembre 1959. Elle a grandi seule, sans jamais connaître de répit. Le 1er mars 1973[1], les extrémistes hutu de Ndiza sont venus chez elle et chez les familles tutsi alentour. Ils ont emmené tous les membres de ces familles pour les noyer dans la Nyabarongo. Durant tout le trajet ils se sont moqués d'eux et ils les ont humiliés. Ils les ont coupés à la machette et jetés dans la rivière.

Après avoir été sauvée par Murindangabo Vénuste, ma mère a poursuivi sa scolarité, alors que les enseignants et les élèves hutu la harcelaient sans relâche. À la fin du cycle secondaire, le jour de la remise des diplômes, les autorités refusèrent de lui remettre le sien. Son seul crime était d'être née tutsi. L'étonnement s'est emparé de l'établissement où elle figurait parmi les meilleures élèves de sa classe et finalement les autorités ont été contraintes de lui remettre son diplôme. Mais bon nombre d'élèves hutu demeuraient convaincues qu'aucune Tutsi n'avait le droit de fréquenter l'école et encore moins d'avoir un diplôme. Très contrariées par la remise de son diplôme à ma mère, dans la nuit, pendant qu'elle dormait au pensionnat, remplies de colère et de haine, elles l'ont violemment jetée hors de son lit.

Plus tard ma mère a eu un emploi au ministère de la Jeunesse et du Mouvement associatif (MIJEUMA). Au début, les relations entre collègues étaient bonnes. Mais dès les années quatre-vingt-dix, l'atmosphère s'est détériorée. Quand elle se présentait au travail, on la laissait dans son bureau sans rien lui donner à faire. On espérait qu'elle se lasserait, qu'elle rentrerait chez elle et qu'on pourrait l'accuser d'abandonner son poste. À cette époque elle partageait son bureau avec Bikindi Simon[2], qui a

1 En 1973, les écoliers tutsi, comme leurs parents qui exerçaient divers métiers, notamment dans la fonction publique, ont été terriblement persécutés et exclus de leurs établissements.

2 Bikindi Simon, membre du MRND, était un chanteur très populaire à la fin des années quatre-vingts. Il a joué un rôle très important dans la propagation de la haine à l'égard

contribué à la mise en œuvre du génocide, en composant des chants qui incitaient les Hutu à haïr les Tutsi et à les tuer avec l'aide des milices *Interahamwe*[3]. Ces chansons, les jeunes miliciens les chantaient au retour de leurs tueries. Ma mère m'a dit qu'un jour, rentrant du Bugesera où il avait participé aux massacres des Tutsi de la région, Bikindi avait rapporté des vêtements imprégnés de sang. Il les avait déposés sur le bureau de ma mère et il l'avait appelée pour exhiber sous ses yeux ce qu'il appelait « la couleur du sang tutsi ».

Ma mère a continué à se rendre au travail sans jamais avoir la moindre tâche à accomplir. Elle travaillait aux côtés de la sœur du président Habyarimana[4], une religieuse catholique, Nturoziraga Concessa, devenue Sœur Télésphore. Cette femme était favorable à ma mère. Toutes deux s'entendaient bien, mais le ministre Ndindiriyimana[5] Augustin a muté ma mère à un autre poste sous prétexte qu'elle n'était pas digne d'avoir du travail et qu'il était inadmissible qu'une femme tutsi travaille aux côtés de la sœur du président hutu. Dans un état d'extrême perplexité, ma mère est restée dans ce ministère, sans y mener la moindre activité.

---

des Tutsi. Plus tard ses chansons ont été diffusées sur la Radio-télévision libre des mille collines (RTLM), également appelée « la radio de la haine ». Il a comparu devant le Tribunal pénal international pour le Rwanda (TPIR), où il a été condamné en appel en 2010 à quinze ans de prison pour incitation directe et publique à commettre le génocide. Il est décédé en 2018.

3 *Interahamwe*, littéralement, « ceux qui travaillent ensemble », « ceux qui s'entendent bien ». *Gukora*, « Travailler », signifiait exterminer les Tutsi et qualifiait les tueries et les massacres quotidiens.

4 Le 5 juillet 1973, le général-major Habyarimana Juvénal, originaire de Gisenyi, a pris le pouvoir après un coup d'État contre son prédécesseur Kayibanda Grégoire, dont il était ministre de la Défense. Hutu du Nord, il favorisera sa région et ses habitants, à l'inverse du régime précédent qui favorisait ceux du Sud, dont était originaire Kayibanda. Prétendant ramener la paix dans le pays, Habyarimana poursuivra le principe de « quota ethnique », qui excluait et persécutait les adultes comme les enfants tutsi. Beaucoup ont été tués à partir de cette date. Habyarimana entamera les négociations d'Arusha (Tanzanie), où seront signés les accords de paix en 1993. L'avion qui le ramenait avec le président burundais d'Arusha, où se poursuivaient les discussions autour de modalités d'application des accords, explosera en vol le 6 avril 1994. Les listes de Tutsi étaient dressées, les armes avaient été distribuées et les *Interahamwe* avaient été formés militairement. Tout était prêt, le génocide pouvait commencer.

5 Ndindiriyimana Augustin a été ministre de la Jeunesse et ministre de la Défense sous le régime Habyarimana. Puis chef d'État-Major de la gendarmerie nationale de septembre 1992 à juillet 1994. Il a fui le Rwanda, a été arrêté en 2000 en Belgique, où il bénéficiait du statut de réfugié politique. Jugé au TPIR, en 2011 il a été reconnu coupable de génocide et de crimes contre l'humanité. Condamné à une peine de prison de onze ans, il a été libéré, ayant déjà passé ce temps en prison après son arrestation.

Après la chute de la royauté et la prise du pouvoir par Kayibanda[6], soutenu par les Belges[7], en 1959, beaucoup de Tutsi ont fui leur pays natal et se sont exilés pour sauver leur vie. À cette époque, beaucoup furent tués. Par la suite, à plusieurs reprises, en 1962 et 1963, ils ont tenté de revenir au Rwanda. Leurs incursions ont entraîné en représailles la persécution et la mort des Tutsi de l'intérieur accusés de complicité avec ceux de l'extérieur.

Après sa prise du pouvoir en 1973, le président Habyarimana a été sollicité à maintes reprises pour laisser rentrer les exilés au pays, mais il s'y est systématiquement refusé. Le 1er octobre 1990, le Front patriotique rwandais (FPR) a déclenché la guerre pour imposer le retour des exilés. Aussitôt, un grand nombre de Tutsi ont été détenus dans des conditions atroces, en particulier dans le stade de Nyamirambo, à Kigali. Sans eau ni nourriture, accusés d'être des espions pour le compte du FPR, les prisonniers mangeaient les herbes qui poussaient autour du terrain de foot. J'avais huit ans. Ma mère y a été détenue et nous ne savions pas où elle était.

Quand j'ai été en âge de comprendre, j'ai été terriblement affecté par tout ce qu'elle avait enduré. Au moment des attaques virulentes contre les Tutsi dans le Bugesera en 1992, nous avions tellement peur que nous ne dormions pas de la nuit. Les militaires hutu envahissaient les maisons et j'ai su à ce moment-là que les problèmes de ma mère étaient devenus les miens. C'est terrible d'avoir été exposé à pareille cruauté durant son enfance. Je me demandais le pourquoi de tout ça. Je me demandais pourquoi les Hutu n'avaient pas même pitié des jeunes enfants innocents.

En 1989, nos parents avaient divorcé et le tribunal avait confié la garde des enfants à notre mère. Nous vivions heureux sous son regard bienveillant. Elle décida de construire une maison dans un quartier

---

6 En 1957, Kayibanda Grégoire est l'un des neuf signataires de la « Note sur l'aspect social de la question raciale indigène », connue sous le nom de *Manifeste des Bahutu*. Deux ans après sa publication, les premiers massacres de Tutsi ont commencé et ils furent jetés dans les rivières. La même année, il fonde le Parti du mouvement de l'émancipation hutu, Parmehutu. Il est élu président de la République rwandaise en 1961 et renversé en 1973.

7 Des élections communales ont lieu en juillet 1960 sous contrôle de l'ONU. Elles ont été suivies le 25 septembre 1961 par le référendum décidé par l'ONU, appelé en kinyarwanda *Kamarampaka* (« qui tranche la controverse »), qui a abouti au protocole d'autonomie interne signé le 21 décembre 1961 par le président Kayibanda et le ministre des Affaires étrangères belge. Le référendum a aboli la royauté et l'indépendance du Rwanda a été proclamée le 1er juillet 1962.

excentré de Kigali, dans la commune de Rubungo, dans le secteur de Kinyinya, en préfecture de Kigali Rural. À cette époque, Kinyinya n'était ni très habité ni très animé. Je me rappelle que les enfants de notre âge nous dévisageaient, ils formaient des groupes autour de nous pendant la récréation pour nous poser des questions. Nous étions devenus de vraies stars ! Il est vrai que nous étions différents d'eux, nous parlions français avec les enseignants et nous étions en avance dans notre scolarité, après avoir fréquenté la meilleure école de la ville de Kigali. Les relations étaient bonnes avec nos voisins, les gens se fréquentaient sans hostilité, les Tutsi et les Hutu étudiaient ensemble.

Mon jeune frère, Mwicira-Ngabonziza Octave de Vienne, était le cadet de la famille. À la fin des années quatre-vingts, il a été baptisé le jour du mariage de son parrain et de sa marraine, qui ont perdu la vie dans un accident peu de temps après. C'était avant le génocide. Le jour de la Fête-Dieu, ma mère lui a choisi un nouveau parrain. C'était un Hutu qui était notre voisin, il s'appelait Munyembaraga. En 1994, mon petit frère avait huit ans.

Quand le génocide a commencé, il est devenu très difficile pour ma mère de vivre seule avec ses enfants.

Elle était active politiquement, membre du Parti libéral (PL), parti d'opposition au régime du président Habyarimana et elle défendait le droit au retour des réfugiés tutsi dans leur pays natal. En octobre 1990, quand le FPR-*Inkotanyi* est entré au Rwanda, elle a été emprisonnée. On accusait alors les Tutsi d'être des *Ibyitso by'Inkotanyi*, des « complices » du FPR et des Tutsi « de l'extérieur ». Ce n'était pas notre cas. Nous n'avions aucun contact avec des exilés en Ouganda et c'est au Zaïre (actuelle République démocratique du Congo, RDC), à Bibwe, dans le Kivu, que les membres de notre famille s'étaient réfugiés dès 1959.

En 1990, à Kinyinya, où nous avions emménagé, nous avons été attaqués à plusieurs reprises.

En 1991, un groupe de soldats, accompagnés par Bikindi[8] Simon, celui-là même qui travaillait avec ma mère autrefois, est arrivé. Je m'en souviens très bien. Ils sont entrés dans la maison. Ma mère nous a aussitôt enfermés dans la chambre qu'elle a fermée à clef, elle s'est dirigée vers la salle à manger, comme si elle allait leur offrir quelque chose à boire et elle s'est prestement enfuie par la porte arrière de la maison.

8 Voir n. 2, p. 51.

Quand les soldats ont réalisé qu'elle était partie, ils sont partis à leur tour. Nous avons été sauvés.

Nous habitions non loin du camp Kami, le camp de la police militaire (PM), où logeaient les militaires qui rentraient des combats contre le FPR. Ils étaient surnommés les *Abazulu* en référence au guerrier Shaka kaSenzangakhona[9], Zulu du Kwazulu-Natal (Afrique du Sud). Ils étaient violents, ils provoquaient les civils au centre commercial de Kinyinya. Accompagnés par les *Interahamwe*, les soldats enragés d'avoir connu des échecs successifs durant les combats contre le FPR en 1992, 1993 et début 1994, se sont efforcés de tuer un grand nombre de Tutsi. Les habitants les redoutaient. Ils nous ont attaqués à plusieurs reprises à la maison.

Le génocide perpétré contre les Tutsi a commencé très tôt pour nous à Kinyinya, tout de suite après la chute de l'avion qui transportait le président Habyarimana. Dans la nuit du 6 avril, les soldats du camp Kami sont sortis aussitôt et ils ont commencé les tueries.

Les soldats sont arrivés vers vingt et une heure dans la famille de Munyakazi Ildephonse. Nous étions très proches de cette famille. Les soldats ont tué sa femme, Mukamparaye Perpétue, à vingt-deux heures. Les jours suivants, ils ont tué leurs enfants. Mukayiranga Marie Aimée, vingt-six ans ; Munyakazi Gilbert, vingt-quatre ans ; Muyango Jean Bosco, dix-huit ans. Leur fille, Munyure Sylvie, âgée de seize ans, a été tuée le 9 avril. Seule leur fille cadette Munganyinka Alouette a survécu.

Vers la fin avril à Kinyinya, ils tuaient sans pitié, il n'y avait pas la moindre chance de leur échapper. Ma mère a décidé de séparer les enfants les uns des autres pour donner à chacun une chance de survie. Elle voulait envoyer mon petit frère chez son parrain Munyembaraga, militaire à la retraite et elle espérait qu'il protégerait son filleul.

Deux semaines auparavant, les *Interahamwe* avaient regroupé les Tutsi à l'école primaire de Kinyinya.

Le 27 avril au matin, les militaires sont arrivés, ils se sont mis à tirer sur nous en tous sens. Nous étions couchés à terre, les balles sifflaient au-dessus de nos têtes, on entendait des cris et des hurlements. On n'arrivait pas à se parler. Avant de se mettre à courir pour tenter de rejoindre son parrain, mon petit frère nous a dit au revoir. Ma mère ne voulait pas lâcher sa main, elle pleurait beaucoup, mais le petit voulait

9 Roi zoulou (1787-1828). Fondateur du royaume zoulou, il était à la tête d'une puissante armée.

partir le plus vite possible. Il prononça cette phrase qui est restée gravée dans ma mémoire : *Ndagiye nimbaho tuzabonana.* (« Je pars, si je survis, on se reverra »). Il a couru très vite, je l'ai regardé s'éloigner, c'est la dernière image que j'ai de lui. Nous étions immobiles, couchés. Mon grand frère, Mwicira-Mitali Jules, a reçu une balle dans la tête, il a beaucoup saigné mais il n'est pas mort. Je me rappelle que je n'avais pas la force de bouger. Mes sous-vêtements recouvraient les blessures infligées par les militaires et les miliciens qui m'avaient violé deux jours auparavant dans le marais qui séparait Kinyinya du Camp Kami. J'avais en tête les images des femmes violées et tuées sous mes yeux. Mon petit frère est parti si vite que je n'ai pas pu ouvrir la bouche pour lui dire un seul mot. Souvent je me dis que si j'avais su, j'aurais couru après lui pour le sauver.

Nous avons appris qu'il avait été brûlé vif, puis jeté dans une fosse commune par son parrain qui durant tout le génocide portait des armes. Personne ne peut donner une explication rationnelle à de tels actes.

J'ai continué depuis à me demander pourquoi je n'avais pas connu mes grands-parents, mes tantes, mes oncles ni les autres membres de ma famille. Tous ont été noyés dans la Nyabarongo en mars 1973. J'ai voulu savoir quelle avait été leur ultime destination. Jusqu'où la rivière les avait-elle emportés ?

Ma mère a survécu au génocide en 1994. Elle est restée veuve avec trois enfants. Mon grand-frère, Mwicira-Mitali Jules ; Mwicira-Mitali Usanase Clarisse, ma sœur cadette, et moi. Clarisse est morte le 10 avril 2014, lors de la vingtième commémoration du génocide des Tutsi. Pendant vingt ans, elle n'a cessé de revivre le chagrin et la terreur éprouvés lorsque notre père a été assassiné sous ses yeux en 1994.

J'ai survécu au génocide, j'ai continué à lutter pour ma survie. J'avais besoin d'une épaule sur laquelle pleurer, celle d'un parent, d'un frère ou d'une sœur, d'un ami intime. Mais où la trouver ? J'étais seul. Personne ne savait comment j'avais été abusé, à l'exception de quelques amis proches. Nombreux étaient ceux qui souffraient autant que moi et vivaient dans la détresse. D'autres faisaient peu de cas de la souffrance des rescapés. J'ai compris que je devais chercher seul les réponses à mes questions.

J'ai été abusé pendant le génocide, j'avais douze ans et j'ai dû affronter la vie. Jusqu'à maintenant je n'ai toujours pas compris les raisons de cette haine. Comment les bourreaux ont-ils pu me faire endurer de telles souffrances ? Leurs cris étaient semblables à ceux des chiens qui dévorent de la viande. Mais ce n'était pas de la viande, c'était le corps d'un enfant, moi, un garçon de douze ans, qui ai crié jusqu'à m'évanouir. Pourquoi insister sur mon âge ? L'âge comme l'innocence ne comptaient plus à cette époque et le monde nous avait abandonnés. La même question me hante toujours et reste sans réponse : pourquoi les Tutsi ont-ils dû être tués depuis 1959 jusqu'en 1994 ?

Récemment encore, même après le génocide, certains ont été tués pour les empêcher de témoigner contre les bourreaux. Je n'oublierai jamais Murasira Danon Frédéric[10], mon meilleur ami qui était comme mon frère. Il avait vingt-deux ans, il était en cinquième année secondaire. Nos logements étaient contigus et Murasira dormait chez moi quand je travaillais de nuit à la radio. Nous nous entraidions. Il était orphelin de père comme moi. Je n'oublierai jamais comment il a été coupé à la machette, le 19 novembre 2006.

Toutes ces expériences ont profondément bouleversé ma vie et je me suis résolu à honorer la mémoire des nôtres pour qu'ils retrouvent la place qu'ils méritent dans nos cœurs. Jusqu'à ce jour, je ne cesse d'entendre leurs cris. Ils nous demandent de les consoler, de leur venir en aide. Ils nous demandent de parler d'eux dans ce monde où personne ne les entend. Nous ne connaîtrons jamais la paix tant que des êtres humains appelleront au secours depuis l'au-delà. J'ai voulu être la voix de ceux qui ont perdu la vie, de ceux dont nous ignorons l'ultime destination.

Je m'efforce d'apporter mon aide aux survivants, alors que le monde m'a tourné le dos quand j'ai été abusé. Cette sinistre expérience a détruit en moi la confiance tout enfantine que j'éprouvais jusqu'alors envers les adultes. J'avais douze ans ; ma mère en avait quatorze quand elle a été jetée dans la rivière ; mon petit frère en avait huit quand il fut brûlé vif avec de l'essence. J'ai fait le vœu de ne jamais être comme ces adultes qui ne m'ont pas écouté quand je les suppliais et implorais leur pardon dans un torrent de pleurs.

Je me suis résigné à mon malheur et à ma solitude. J'ai trouvé un chemin pour sortir des ténèbres. J'ai passé outre mes souffrances, je les ai momentanément ignorées, bien qu'on ne puisse jamais les oublier.

Je me sens dans l'obligation de penser aux personnes que nous avons aimées sans savoir où elles reposent. Quand tu sais où les tiens sont enterrés, c'est déjà un grand soulagement.

---

10 Voir p. 89-93.

Ce que ma mère a vécu, je l'ai vécu après elle. Je ne veux pas laisser ce sombre héritage aux miens ni aux générations futures. Je ne veux pas qu'ils connaissent ce que nous avons vécu. Mais il n'est pas facile de faire confiance aux adultes, car ils commettent des actes qui nous laissent sans voix. Je me demande toujours ce qu'il peut y avoir de bon à tuer ses semblables, à leur faire du mal, à être inhumain. Certains ont tenté de l'expliquer, mais je ne comprends toujours pas pourquoi quelqu'un devrait être tué parce qu'il appartient à tel ou tel groupe « ethnique[11] ». Je voudrais sauver la mémoire des disparus qui faisaient partie des familles de ceux qui ont survécu. Ils étaient nos amis, nos parents, frères et sœurs ou bons voisins. Ils étaient rwandais et avant tout ils étaient des êtres humains. Ils ont été privés du droit à la vie par d'autres humains qui étaient leurs concitoyens et qui partageaient depuis des siècles une même culture, une même langue, une même religion, le même mode de vie et bien d'autres choses encore.

Habituellement, quand une personne meurt, elle est enterrée en dignité et les amis viennent consoler les endeuillés. En 1994, cela n'a pas été le cas. Des familles entières ont été décimées. Les rares survivants étaient en majorité des enfants et des veuves.

Il n'est pas facile pour d'autres, en raison de leur passé coupable, de se mettre dans la peau des rescapés pour compatir à leurs souffrances ou les consoler. Et encore moins pour les aider à se reconstruire et à reprendre une nouvelle vie après le cauchemar. Plus triste encore, le monde est resté sourd quand les Tutsi étaient tués depuis la fin des années cinquante jusqu'au tragique dénouement du génocide qui a coûté la vie à près d'un million d'entre eux. À cause de tout cela, je me pose mille questions. Pourquoi existons-nous ? Pourquoi devons-nous vivre ? Les animaux se nourrissent d'autres animaux parce qu'ils ont été créés ainsi. Est-ce que les humains se nourrissent du sang de leurs semblables ? Pourquoi le monde est-il resté inerte face à ceux qui brûlaient vifs les enfants, qui prenaient un bébé et le jetaient vivant dans une casserole d'huile

11 « L'ethnie » (*ubwoko*) fut mentionnée sur les cartes d'identité dès 1930. Les colonisateurs belges imposèrent son inscription, au lieu du clan qui identifiait les Rwandais jusqu'alors. Pour ce faire, ils se basèrent souvent sur le nombre de vaches possédées. L'appartenance dite « ethnique » se définit en filiation patrilinéaire. L'historien Jean-Pierre Chrétien récuse à juste titre ce terme et parle de trois identités sociales qui se distinguent par leurs activités : l'agriculture pour les Hutu, l'élevage des bovins pour les Tutsi, la chasse et la poterie pour les Twa.

bouillante ? Pourquoi les femmes enceintes ont-elles été éventrées et les bébés qu'elles portaient massacrés ? Pourquoi ont-elles été laissées nues sur les places publiques ? Pourquoi les hommes ont-ils été mutilés et leurs testicules ou leur pénis jetés aux chiens ? Pourquoi le monde est-il resté muet face à toutes ces atrocités sans que personne n'intervienne ? Et combien aurait-il fallu encore de morts pour que l'appel au secours soit entendu et conduise à intervenir pour arrêter les massacres ?

Au Rwanda tant de personnes ont souffert atrocement qu'il n'est pas facile de se consoler les uns les autres. Moi, en tant qu'enfant qui a été abusé à un très jeune âge, qui n'a pas eu la chance de voir ses grands-parents, qui n'a pas eu la chance d'être gâté par sa grand-mère, j'ai compris que je me devais d'honorer nos disparus en préservant la mémoire de toutes celles et ceux qui ont été noyés.

Les témoignages de celles et ceux qui me les ont confiés m'imposent d'honorer la mémoire de leurs proches qui ont péri si tragiquement dans notre pays. Nous devons partager notre expérience avec le reste du monde et lutter ensemble pour que cela ne se reproduise plus jamais nulle part. Nous qui avons été victimes de ces atrocités, nous qui avons vécu ces horreurs, nous croyons que nos témoignages, nos écrits et nos films encouragent ceux qui désirent la paix et qui œuvrent pour la consolation des cœurs. Que les nôtres ne soient jamais oubliés !

Vous allez connaître ce que l'on ressent quand on reste seul, peut-être comprendrez-vous le chagrin qui ronge l'âme quand vous perdez tous ceux que vous aimez, quand la vie semble se dissoudre, quand toute votre famille est décimée. Personne ne souhaiterait pareille destinée à quiconque. Nul homme ne souhaiterait que son pays connaisse le sort du Rwanda. Si nous aimons nos enfants et la génération qui héritera de ce monde, nous devons penser à ce que nous allons leur léguer.

Personne ne choisit où il doit naître, personne ne choisit ses parents et personne n'aime vivre dans le chagrin. Celui qui nous a créés nous a dotés de la faculté de désirer ce qui est bon, de vivre dans un meilleur environnement, pourquoi devrions-nous aimer le mal comme si Dieu nous l'avait légué ? Savez-vous que le bien que nous refusons aux autres nous sera refusé le jour de notre mort ? Pourquoi ne pas partager la vie avec les autres ?

IN MEMORIAM

La famille de Mukamitali Marie Claire

Voilà la liste de membres de la famille de Mukamitali Marie Claire, ma mère, qui ont été tués le 1er mars 1973 :

Gasura Casimir, son père. Il avait trente-cinq ans quand il fut coupé et tué. Il a dû être très douloureux pour lui de mourir avant d'avoir un fils qui porterait le nom de Mitali[1], son ancêtre, dont la descendance rassemble la plupart des membres de la famille de Mukamitali Marie Claire, ma mère.

Mpumugeni Athanasie, sa mère, fille de Sekaje. Elle avait trente ans. On l'a traînée sur les collines de Ndiza en la flagellant. Les tueurs n'ont pas eu pitié d'elle alors qu'elle était enceinte de huit mois. Mukamitali Marie Claire m'a raconté que sa mère était épuisée et morte de peur, elle qui avait toujours été si réservée et calme. Elle a reçu le témoignage de sa mère avant qu'elle disparaisse dans la rivière en 1973. Athanasie lui a dit que les Tutsi étaient tués depuis longtemps déjà et elle a évoqué la mort de sa cousine Karuyonga qui habitait à Kibimba. En 1963, les tueurs avaient pris un bâton pointu et avaient transpercé son corps depuis la bouche jusqu'à l'anus. Puis ils ont répandu des feuilles de bananiers sèches autour d'elle et ils y ont mis le feu. Elle a roulé à terre hurlant d'une douleur indescriptible jusqu'à ce qu'elle rende son dernier soupir.

---

1 Mitali est le nom du père de la reine-mère Murorunkwere, épouse du roi Mutara II Rwogera. Elle est la mère du roi Kigeli IV Rwabugiri, dernier *mwami* avant l'arrivée des missionnaires et colonisateurs. Il régna de 1867 à 1895 et est principalement connu pour ses exploits, ses intrigues sanglantes et ses conquêtes. Murorunkwere fut assassinée en 1876. La généalogie est la suivante : l'ancêtre, Mitali du clan des Abakono, est l'arrière-arrière-grand-père de Mukamitali Marie Claire. Son fils, Rwegerangabo, est son arrière-grand-père. Sebacuzi est son grand-père et Gasura est son père. En kinyarwanda, l'arbre généalogique de ma mère se décline ainsi : *Mukamitali wa Gasura ka Sebacuzi ka Rwegerangabo rwa Mitali ya Cumu rya Gibarangu wa Mutima ya Matana wa Babisha ba Samutaga wa Byunga bya Bigirimana bya Sagashya ka Sakera cya Sakayumbu ka Mwezantandi wa Ntandayera wa Mukono wa Mututsi wa Gihanga Ngomijana*. Seuls les noms des hommes sont cités.

Mukarutabana Immaculée, sa sœur âgée de douze ans, Ntaganda Élie, son frère âgé de neuf ans, et Mukankuranga Séraphine, sa sœur âgée de trois ans que ma mère aimait plus que tout au monde. C'est elle qui lui avait donné le nom de Séraphine[2].

Mercredi 28 février 1973, sous les ordres du bourgmestre Sibomana Straton[3], des tueurs hutu dont Gaspard, Sentama et d'autres sont venus chez mes grands-parents. Ils ont emmené toute la famille avec des voisins tutsi jusqu'au bureau communal de Nyakabanda. Avant d'arriver à la commune, sur la route où les Tutsi étaient alignés en file indienne, Sentama a pris la main d'Élie, le petit frère de ma mère. Il est parti avec lui pour le tuer. Il est revenu, ses mains et ses vêtements étaient couverts du sang de l'enfant. Ils sont repartis vers la commune comme s'il ne s'était rien passé. Seul Sentama sait où a été jeté le corps d'Élie. Nous ne l'avons jamais retrouvé.

Kankera Vérédiane, sa grand-mère paternelle, une vieille dame très âgée, la plus âgée dans le clan des Banyiginya[4].

Nyiraburanga, sa grand-mère maternelle.

Mukabacondo, sa tante, et son mari Mukiga, avec leurs six enfants, dont Dusabeyezu, sœur de Gatera qui a survécu à la noyade en 1973, mais a été tué en 1994 dans la région du Bugesera. Sa tante, Mukabacondo, a été tuée alors qu'elle rentrait de la région de Bibwe au Zaïre, où elle avait rendu visite à sa famille qui s'était réfugiée là-bas en 1959.

Kabatama Marie Goretti, sa tante, vingt-cinq ans. Elle fut noyée alors qu'elle était enceinte de quatre mois. Son mari Mugesera Joseph, trente-deux ans. Parmi leurs enfants, Mugesera Eugène avait cinq ans ;

---

2 Séraphine désigne un ange supérieur dans la hiérarchie céleste de la Bible. Mukamitali Marie Claire considérait comme telle sa sœur cadette qui était d'une beauté divine.

3 Sibomana Straton a été membre du parti présidentiel MRND qui a reconduit son mandat de bourgmestre jusqu'en 1992. Avec l'avènement du multipartisme, des partis tous plus extrémistes les uns que les autres ont vu le jour. C'est ainsi qu'est né le MDR dont les partisans ont forcé Sibomana à démissionner. Il est en prison depuis 2008. Voir Kimonyo Jean-Paul, *Rwanda un génocide populaire*, Paris, Kartala, 2008, p. 129.

4 Au Rwanda, les clans (*ubwoko* au singulier, *amoko* au pluriel) regroupaient des Hutu, des Tutsi et des Twa. Une quinzaine de clans totémiques existaient, dont les noms ne sont pas des patronymes, mais auxquels on se réfère pour mesurer le statut d'un personnage ou d'un lignage. Les clans sont répartis selon des catégories mythiques (d'origine céleste ou terrestre) et sont presque toujours liés à d'anciennes dynasties. Tous ceux qui régnèrent sur le Rwanda jusqu'à la proclamation de la République en 1961 étaient des Banyiginya (du clan Nyiginya). Voir Kagame, Alexis, « Les quinze clans du Rwanda », *Les organisations socio-familiales de l'ancien Rwanda*, Bruxelles, 1954, p. 37-61.

Mugesera Placide, deux ans ; Mugesera Théogène, surnommé Mudogo, avait trois ans. Mukamitali Marie Claire le tenait par la main quand ils ont été jetés dans la rivière. Ils ont échoué sur le rivage et les tueurs ont tenté de les noyer pour la deuxième fois. La chance n'a pas souri à l'enfant. Contrairement à ma mère, il a été emporté vers une destination inconnue.

Karambizi Léonard, son oncle paternel, cinquante ans. Il s'était réfugié dans une grotte sur les collines de Ndiza. Il a été découvert et les tueurs l'ont coupé et abandonné sur la colline.

La famille de Gakuba Joseph, avec ses enfants. Mukamugema Stéphanie, Munyaneza Évariste, Rwigema et leurs six petits frères. Leur mère était apparentée à Mpumugeni, la mère de Mukamitali Marie Claire.

Parmi les voisins et amis, il y avait :

La famille de Ndutiye Servant, ses cinq enfants ainsi que sa femme Bellancille tout juste arrivée au terme de sa grossesse. Le bourgmestre Sibomana est venu les chercher chez eux. Il les a tous emmenés au dispensaire de Kibangu chez l'abbé Bourguet[5], où Bellancille a accouché dès son arrivée. Le 1er mars 1973 au matin, Sibomana a ordonné qu'ils soient tous conduits à la rivière pour être noyés avec d'autres Tutsi de la commune.

Deux institutrices de l'École familiale de Kibangu : Stéphanie, fille de Gihana, originaire de Nyabikenke, et Généreuse qui était originaire de Kanyanza.

Un médecin qui s'appelait Kinyebuye. Il était le meilleur ami de la famille de ma mère. Avec ses deux filles, il a été traîné jusqu'à la Nyabarongo, ils ont tous trois été noyés.

La famille de Naho Charles, qui était enseignant, sa femme Mukarurangwa, leurs six enfants ainsi que sa propre mère. Tous ont péri dans la Nyabarongo. Charles a eu toutes les dents arrachées avant d'être jeté dans la rivière. L'eau l'a emporté jusque dans la province de Ruhengeri. Il a eu la vie sauve en 1973. Il s'est remarié, il a eu d'autres enfants. Mais il a été tué pendant le génocide en 1994 avec sa femme et tous ses enfants. Il n'y a eu aucun survivant.

Les Tutsi de Ndiza ont été tués par les Hutu génocidaires de Ndiza : Bizige, Kamondo, Muhamyankaka Fabien, Mvunabandi, Nyiringango et par ceux de Kibimba : Sebazungu Thadeo, Kamonyo, venus en renfort avec leurs machettes pour les exterminer.

---

5 Voir n. 2, p. 45.

Ceux qui ont été tués durant le génocide des Tutsi en 1994 et ont été jetés dans la Nyabarongo :

Les enfants de l'oncle de ma mère, Kinyogote, fils de Sebiruje, descendant de Mitali. Ils étaient âgés, avec des enfants et petits-enfants. Parmi ses enfants, Balikage et sa famille qui habitaient à Nyabikenke. Gahamanyi et sa famille. Ma mère se souvient du fils de Gahamanyi, qui s'appelait Kambanda Ferdinand et de sa femme Uwamwezi Veronise. Ils étaient cousins. Karege et sa famille. Niwemugeni Catherine et sa famille, ils habitaient à Jari. Uwantege Fébronie et sa famille. Mukarukaka Agatha. De tous ses enfants, seul son fils Mathias a survécu. Il s'était réfugié en Ouganda en 1960.

La famille de Rwanyabuto, sa femme et leur belle-fille, Uwantege Fébronie qui a perdu non seulement sa propre famille mais aussi sa belle-famille. Sa belle-mère a été tuée en même temps qu'elle.

Mukamusoni, tante de Mukamitali Marie Claire, fille de Sekaje, son mari, Muzerwa, et leur famille. Ils habitaient à Kingogo (Gisenyi).

La famille de l'oncle maternel de Mukamitali Marie Claire, Bazirasa, fils de Sekaje. Il avait quatre-vingt-sept ans. Il a été noyé avec ses sept enfants.

Ceux qui ont été tués en 1994, mais n'ont pas été jetés dans la rivière :

Une femme âgée, dénommée Nyirabyuje, qui habitait à Gipfizi, dans la commune de Nyakabanda, a été tuée par Sentama, qui avait assassiné Ntaganda Élie en 1973, et par son frère Sekaje. Les tueurs ont pillé et brûlé la maison de la vieille femme. Jusqu'à aujourd'hui Sentama n'a pas été arrêté. Personne n'a survécu parmi ceux et celles qu'il a tués pour l'accuser de ses crimes. Pourtant il est accusé par des voisins hutu qui n'ont pas participé au génocide, dont Musonera.

Ngabonziza-Mwicira Octave de Vienne, fils cadet de ma mère, huit ans. Il a été tué le 27 avril 1994. Les génocidaires l'ont brûlé avec de l'essence et jeté dans une fosse commune à Kimironko. Il aimait les chiens, c'était sa passion, il en avait neuf. Il jouait au football et était ceinture jaune de karaté.

Mwicira Silas, son mari, mon père. Nous n'avons jamais retrouvé son corps.

Les deux enfants de son oncle maternel, Munyangabe Athanase, fils de Sekaje, et de sa femme Pascasie. Ils habitaient à Butamwa.

Gashayija François[6], fils de son oncle paternel, et sa famille. Il avait épousé sa cousine qui s'appelait Madamu Astérie, fille de sa tante Kabanyana Félicité.

Kabanyana Félicité, sa tante, fille de Sebacuzi, le grand-père de ma mère, descendante de Mitali, et sa famille.

Les enfants de sa tante, Kantamage, fille de Sebacuzi, descendante de Mitali, Gatare Charles et Sebisogo Xavier, ainsi que le fils de Sebisogo.

Karinamaryo Museruka Ephrem, Karinamaryo Mubelgique et Karinamaryo Rutazinda, les enfants de sa tante, Kabarenzi, fille de Sebacuzi, descendants de Mitali.

Les enfants de sa tante, Kantarama, fille de Sebacuzi, descendante de Mitali. Ils habitaient entre la commune de Taba et Kayenzi.

Iyamuremye Julienne, sa tante, et sa famille. Sa fille Clarisse qui habitait chez nous a été tuée à Kinyinya pendant le génocide.

Nkusi Ildefonse Bob, son oncle maternel.

Munyambaraga Narcisse, son oncle maternel, et ses deux enfants.

Rukerikibaye, un autre oncle maternel, qui habitait à Nyakabanda en ville de Kigali, et sa sœur, la tante de ma mère, Mukandutiye Léocadie, qui habitait à Muhima.

Le fils de Kashara, Rwabuhihi, qui habitait à Nyakabanda (Kigali).

Le clan des Abakono[7] de chez Nzirumbanje, fils de Mitali.

Les Abakono de chez Bigilimana, fils de Barahira, fils de Mitali.

Les Abakono de chez Cyabakanga, fils de Bitege.

Les Abakono de chez Sezirahiga, fils de Sebacuzi wa Rwegerangabo, grand-père de ma mère, descendant de Mitali.

Les familles des Abakono qui habitaient à Nyabikenke, Rwankeli, Bigogwe et ailleurs.

---

6 Les corps de Gashayija François et de son épouse Madamu Astérie, ainsi que le corps de Kabanyana Félicité, tante paternelle de Mukamitali Marie Claire, ont été retrouvés le 15 août 2020 dans le district de Nyarugenge, secteur de Nyamirambo, cellule de Kivugiza, *umudugudu* Mpano, parmi plus de cent corps de victimes du génocide découverts dans deux fosses creusées sur la parcelle de Simbizi François, génocidaire condamné à perpétuité et décédé en détention. Non loin de son domicile, Simbizi avait installé durant le génocide une barrière où beaucoup de Tutsi ont été assassinés. Sa femme avait jusqu'alors dissimulé l'existence de ces fosses. Les victimes ont été inhumées fin octobre 2020.

7 L'ancêtre du clan des Abakono est Mukono, fils de Mututsi, fils de Gihanga. Dans le clan Abega se trouvaient les reines-mères. Les clans Abega, Abakono et Abaha se réclament d'un même totem : le Crapaud. Ils se disent trois clans frères, descendant respectivement de Serwega, de Mukono et de Muha. Kagame, Alexis, *op. cit.*, p. 37-61.

La famille du médecin Canisius, qui a été massacrée à Kinyinya.

La famille de Semigabo Ignace, qui a été massacrée à Kinyinya.

La famille de Gasana Jean Baptiste, qui a été massacrée à Kinyinya.

La famille Ruterana Jean Berchmans, massacrée à Kinyinya.

Les familles des clans Abalinda et Abatwenge qui ont été massacrées à Kinyinya.

À NDIZA,
NYIRABAVAKURE VERENA

Nyirabavakure Verena est née le 15 décembre 1968. Elle avait vingt-six ans quand le génocide a commencé. Aujourd'hui elle est mère de trois enfants. Elle est née dans une famille de huit enfants dont elle est la seule survivante. Pendant le génocide, elle a perdu beaucoup de membres de sa famille, dont son père, Seburindwa Fidèle. Il est mort après avoir subi l'une des plus atroces et humiliantes tortures. Il a été émasculé et son corps nu est resté exposé durant plusieurs jours.

L'un des tueurs de la région, Habumuremyi Marcel, a été incarcéré puis remis en liberté après avoir confessé qu'il avait pillé la maison familiale de Verena et abattu leurs vaches. Nsingayehe François, son cousin, est responsable de la mort du père de Verena. C'est lui qui l'a castré et torturé pendant plusieurs jours sur la colline.

En juillet 2007, Habumuremyi a demandé pardon à Verena après lui avoir dit toute la vérité. Il a ajouté qu'il l'avait toujours considérée comme sa propre sœur, qu'ils avaient grandi ensemble. Il ne comprenait pas comment il avait pu changer soudain du tout au tout.

Kwibuka

Mukacondo Rose, sa mère, a survécu aux massacres de 1973 à Ndiza. Elle a été jetée dans la Nyabarongo, mais elle a survécu. Elle est décédée peu de temps avant le génocide, en 1994.

En 1994, ses trois sœurs et ses quatre frères ont été jetés dans la Nyabarongo. Aucun n'a survécu.

Habimana Vianney, son frère, a été torturé et tué à Kinyinya (Kigali), où il vivait chez sa cousine Mukamitali Marie Claire, ma mère.

Bazirasa, son grand-père maternel, frère de Mpumugeni, la mère de Mukamitali Marie Claire, noyée en 1973. Il a été jeté dans la Nyabarongo à Runda, en 1994. Il avait quatre-vingt-sept ans et il est mort avec ses sept enfants.

Mwumvaneza Claver, son oncle, a été jeté dans la Nyabarongo à Ndiza en 1994 avec ses quatre enfants.

Rwakineza Emmanuel, son oncle, a été coupé à la machette en 1994 et son corps a été jeté dans la Nyabarongo, ainsi que les corps de ses huit enfants.

Mukamusoni Anastasie, sa tante, est décédée en 1989 laissant derrière elle une grande famille à Satinski. En 1994, cette famille a été décimée, ses quatre enfants et ses huit petits-enfants ont été jetés dans la Nyabarongo.

À BUTAMWA, MUREKEYISONI DIANE

Le témoignage de Diane relate les persécutions qu'elle a subies depuis 1993 au Rwanda jusqu'en 1996 au Zaïre où elle a été entraînée, contrainte et forcée, après le génocide.

Avant le génocide perpétré contre les Tutsi au Rwanda, on pouvait lire des signes annonciateurs des massacres à venir, mais Diane était trop jeune pour les déchiffrer. Elle était en quatrième année primaire et elle avait tout juste dix ans. Son père, Garisikare Gabriel, était décédé de maladie en 1990 et elle vivait avec sa mère, Nyinawankusi Thérèse, qui élevait seule ses deux fils et ses trois filles.

Son père s'était remarié et elle avait trois demi-frères et une demi-sœur, plus âgés qu'elle. Deux d'entre eux étaient mariés et son père avait déjà des petits-fils et des petites-filles. Ils habitaient tous à Kanombe, dans la maison où sa mère et ses enfants vivaient auparavant.

Les Tutsi vivaient souvent dans des habitations proches les unes des autres, c'était le cas à Kanombe, puis à Butamwa où sa mère et les enfants avaient déménagé, dans la localité aujourd'hui appelée Mageragere, à une quarantaine de minutes à pied du centre de Gahanga, non loin de la rivière Nyabarongo. C'est là que le génocide l'a trouvée avec les siens.

La famille élargie de son père qui habitait à Kanombe fut décimée le jour même du crash de l'avion du président Habyarimana. Le génocide commença aussitôt[1]. Les rares survivants l'ont compris beaucoup plus tard. La plupart des membres de la famille de son père habitaient tout près de la résidence du Président. Des morceaux de l'avion sont tombés le 6 avril dans leur enclos. Ses demi-frères et sa demi-sœur, ses oncles, tantes et cousins furent massacrés dès les premières minutes du génocide.

1 Du 6 au 11 avril 1994, environ vingt mille personnes ont été assassinées, principalement à Kigali.

Le jour suivant le crash, le 7 Avril 1994, la mère de Diane s'est précipitée pour aller voir Uwingabire Rosine, sa fille aînée, âgée de dix-huit ans, qui était soignée dans un centre de santé communément appelé « Chez Nyiranuma ». Rosine souffrait de maux de tête persistants et des amis avaient conseillé à Thérèse de la faire soigner à Nyamirambo, dans ce centre de santé. Thérèse avait confié Rosine à John, l'oncle maternel de l'enfant, qui vivait là, et elle y retournait régulièrement pour le suivi des soins de sa fille.

Le 6 avril, dans un climat incertain et violent, la mère partit à Nyamirambo pour ramener Rosine à la maison. Elle tenait à ce que toute la famille soit réunie, parce que « s'il fallait être tué, qu'on le soit tous ensemble ». Les cinq enfants ne reverront plus jamais leur mère, ils ont appris plus tard qu'elle avait été tuée sur la route du retour vers le 10 avril, alors qu'elle tentait de rentrer seule à la maison en se frayant un chemin à travers les brousses pour échapper aux tueurs. Elle avait renoncé à emmener Rosine, trop fragile pour entreprendre le périlleux voyage de retour à la maison.

Avant de partir, la mère avait appelé sa sœur cadette, Urujeni Agnès qui habitait tout près et elle lui avait demandé de s'occuper des enfants en son absence. Elle n'espérait pas revenir de sitôt vu la situation, mais elle avait confiance en Dieu. Agnès, enceinte, et ses deux enfants sont venus vivre chez Thérèse. Le 7 avril, Diane avec ses frères et sœurs ont attendu en vain leur mère, ainsi que le 8 et le 9 avril. Ils n'avaient pas de téléphone et les nouvelles provenant de Kigali étaient alarmantes. Bien que très jeunes, ils ont compris qu'un grand nombre de personnes avaient été tuées à Kigali, toute proche. Le 10 avril, les massacres des Tutsi commencèrent à Butamwa.

Les enfants ont entendu des sons jusqu'alors inconnus, des coups de sifflet, des tirs de fusils et des explosions de grenades. Ce matin-là, vers onze heures, ils se sont dispersés, chacun de leur côté. C'est à cet instant qu'ils se sont vus pour la dernière fois. Seule Diane retrouvera plus tard sa sœur Rosine.

Depuis longtemps, Diane aimait les enfants, elle s'occupait volontiers de ceux de sa tante Agnès. Quand les explosions ont dispersé les enfants, elle portait le bébé d'Agnès au dos avec un pagne et elle tenait l'autre enfant par la main. Sa tante, enceinte de près de neuf mois, avait les pieds très gonflés et elle était épuisée.

Ses précédentes grossesses n'avaient pas été faciles et elle pensait que sa sœur pourrait veiller sur elle durant le denier mois de sa grossesse. Elles étaient très proches. Toutes deux venaient de Butare et elles s'étaient retrouvées à Butamwa. Chacune était la plus proche parente de l'autre. Quant au mari d'Agnès, c'était un ivrogne qui ne prenait guère soin de sa famille. Quand Agnès était chez sa sœur, Diane passait tout son temps avec ses jeunes cousins.

Ce 10 avril, Diane s'est mise à courir, mais l'enfant qu'elle tenait à la main était trop jeune pour courir vite et Diane trop faible pour courir en portant les deux enfants de sa tante. Derrière elle, les miliciens coupaient à la machette tous les Tutsi qu'ils attrapaient. Diane ne comprenait pas l'effroi qui s'installait dans sa tête et aujourd'hui encore elle ne parvient toujours pas à réaliser exactement ce qui se passait. Le danger venait de partout. Tout le monde sautait par-dessus le cadavre d'un parent ou d'un ami, sans même le pleurer. Dès onze heures, elle a fui ; les tueurs à ses trousses massacraient femmes, hommes, jeunes et vieux. Tout le monde courait sans savoir où aller. C'est seulement vers quinze heures qu'elle est arrivée à l'église de Burema qui n'était pourtant guère éloignée.

Sa tante fut tuée tout au début des massacres. En se retournant, Diane s'est rendu compte que les *Interahamwe* l'avaient attrapée, jetée par terre et déshabillée. Plus tard, elle apprit qu'elle avait été torturée à mort, que les tueurs avaient extrait le bébé de son ventre avec des couteaux pour le tuer séparément[2]. Ce qu'elle a vu, elle, de ses yeux vu, avant de fuir, c'est que sa tante avait été immobilisée à terre, déshabillée et rouée de coups. Diane s'est échappée avec d'autres enfants, en sautant par-dessus les cadavres. Derrière eux les tueurs tiraient avec des fusils. Enjambant les corps ensanglantés des Tutsi, Diane est prise

2 « Si les exterminateurs n'oublient jamais dans leur programme, à côté de l'exécution des hommes, le viol des femmes voire l'éventrement des femmes enceintes ou la mutilation des parties génitales des deux sexes, c'est qu'au-delà de la destruction visible des vies, ils ambitionnent la destruction invisible et secrète du lieu de fécondation, de l'espace intérieur où germent la vie et la pensée. L'anéantissement de l'aire culturelle, induit par l'assassinat et la disparition des hommes, projette en fait, au-dehors, cette dévastation de l'intériorité de la mère, dévastation de la femme en elle. », Altounian, Janine, *La survivance*, Paris, Dunod, 2000, p. 73. Cité par Marie-Odile Godard, *op. cit.*, p. 73, qui introduit ainsi la citation de Janine Altounian : « Regard et cruauté, cette union est patente : il s'agissait de regarder ce qu'on n'a jamais vu, le sexe, le dedans, les entrailles, le trou d'où l'on vient… »

de panique, elle ne comprend pas ce qui est en train de se passer, elle a l'impression que le ciel lui tombe sur la tête. Dans leur fuite, certains conseillaient de se rendre à l'église catholique de Burema, où beaucoup s'étaient déjà réfugiés.

Quand elle y est arrivée vers quinze heures, elle a trouvé une foule de rescapés. Beaucoup saignaient abondamment, certains avaient perdu des membres… C'était effrayant. Il y avait des cadavres tout autour de l'église et des mourants à l'intérieur. Il y avait des pleurs, et la peur. À tout instant on pouvait être attaqué et tué. Diane reconnaît certains de ses voisins, des hommes qui tentaient de s'organiser en ramassant des cailloux qui, pensaient-ils, allaient les aider à repousser l'attaque imminente des *Interahamwe* et des militaires.

Les assaillants sont arrivés comme prévu le lendemain matin, avec des renforts militaires venus de la colline de Rebero[3] et d'autres venus du petit centre commercial de Mugendo, situé non loin du pont qui sépare Kigali et le Bugesera, là où la route sur la gauche conduit à Butamwa et à Burema. Les Tutsi étaient regroupés, faciles à encercler et à éliminer systématiquement. Après quelques coups de fusils, ils furent repoussés. Leurs cailloux étaient devenus bien inutiles et la fusillade fut vite déclenchée. Les militaires tirèrent en cascade sur les réfugiés qui ne pouvaient que courir de l'autre côté, où d'autres militaires attendaient qu'ils s'approchent pour tirer à leur tour à bout portant sur eux. Beaucoup tombaient à terre, mortellement blessés. Quelques-uns réussirent à s'échapper.

Dans ces instants d'extrême désespoir, Macibiri, la petite fille de sa tante que Diane tenait par la main, fut mortellement atteinte. Elle avait cinq ans. Mutoni, la petite fille qu'elle portait au dos, avait moins de trois ans. Sans que Diane comprenne ce qui arrivait, Macibiri tomba soudainement. Elle venait d'être atteinte par une balle dans les côtes. Diane avait déjà vu son père mort, mais il lui avait semblé paisiblement endormi. Cette fois-là, l'enfant de sa tante agonisait près d'elle, du sang chaud sortait de sa blessure avec une sorte de mousse. Diane pleurait, elle ne savait que faire, elle se penchait vers l'enfant et voulait la prendre dans ses bras. Elle criait et pleurait. Des mamans qui la

3 Sur cette colline, l'hôtel Rebero / L'Horizon, propriété du président Habyarimana, accueillit des réunions de membres de l'*Akazu* et des cadres du MRND. L'une d'elles, le 27 février 1994, a été convoquée dans le but de recueillir des financements de soutien aux *Interahamwe*.

connaissaient l'appelaient et tentaient de la calmer et de la raisonner tant bien que mal. Elles lui disaient : « Murekeyisoni, calme-toi, c'est fini, fuis. Macibiri est morte. Cours, sinon toi aussi tu vas te faire tuer et tu feras tuer l'enfant que tu portes au dos. » Diane n'y parvenait pas, elle restait penchée au-dessus de la fillette, pleurant et tentant de la réveiller. C'est à ce moment-là que Macibiri cessa de respirer et de bouger. Elle venait de suivre sa mère, qui avait subi quelques instants auparavant une mort cruellement ensanglantée.

Macibiri morte, Diane s'est relevée, elle a refait les nœuds de son pagne qui tenait Mutoni sur son dos. Elle s'est remise à courir avec d'autres, passant entre les lignes de tueurs. Beaucoup furent tués en forçant le passage. Après leur départ, les tueurs sont entrés dans l'église. Ils ont tué tout le monde, ils ont achevé les mourants et les blessés à coups de machette et de gourdin. Il commençait à faire nuit noire et tous ceux qui s'enfuyaient ont pris la route pour se diriger vers le bureau communal de Butamwa, où ils savaient que le bourgmestre, Twagirayezu Laurent[4], allait les protéger et qu'ils pourraient trouver refuge auprès de lui. Ils ont continué leur route parmi les cadavres des Tutsi agonisants. Les maisons brûlaient, avec des gens à l'intérieur. L'odeur des corps brûlés était irrespirable. La vision macabre des corps étendus sur les bords de la route et les cris déchirants des agonisants n'ont plus jamais quitté l'esprit de Diane. C'était effarant. Parmi les morts, elle en a reconnu quelques-uns. Après le génocide elle en a parlé aux rescapés de leurs familles qui plus tard ont pu retrouver les corps des leurs.

Diane a continué à marcher, sans savoir s'il faisait jour ou nuit. Elle avait perdu toute notion du temps. Les rescapés ont fini par atteindre les abords du bureau communal, non sans difficultés. Il était entouré de barrières et les *Interahamwe* disaient que personne ne pourrait les franchir et que tous devaient retourner dans leur secteur pour y mourir. Il leur était impossible de passer, si ce n'est au péril de leur vie. Sous la contrainte, ils ont rebroussé chemin pour aller à Nyarufunzo, où on leur avait dit qu'ils trouveraient un Tutsi, dont la famille élargie était bien connue pour la force et les talents de ses combattants.

4 Twagirayezu Laurent, bourgmestre de la commune de Butamwa, en préfecture de Kigali Rural, était membre du MDR et seul bourgmestre non-membre du MRND dans cette préfecture dominée par les extrémistes du Hutu Power. Sa situation fut particulièrement difficile face aux menaces des *Interahamwe* et de la CDR. Il fut assassiné vers Gitarama, alors qu'il s'enfuyait après avoir tenté d'empêcher les massacres.

Ils étaient forts, disait-on. Mais comment résister à la haine généralisée ? Comment pouvaient-ils se battre contre tous les Hutu de la région ? Ceux qui se dirigeaient vers eux étaient épuisés et peu nombreux. C'étaient surtout des femmes et des enfants. Les hommes dans leur majorité avaient été tués dès le début des massacres.

Tous ont continué le chemin vers Nyarufunzo, où Diane avait de la famille en la personne du mari de l'une de ses tantes, du nom de Ndenzi. Ses compagnons d'infortune lui disaient que si tous les habitants de Nyarufunzo n'avaient pas été tués, ils pourraient s'occuper du bébé, car elle était trop jeune pour le faire et n'avait rien à lui donner. Le bébé pleurait jusqu'à épuisement et Diane le regardait impuissante. À Nyarufunzo, quelques rares survivants les accueillirent et leur offrirent ce qu'ils avaient pu trouver pour manger. Le répit ne dura pas même deux jours. Le troisième matin, arrivés en grand nombre, les *Interahamwe* les attaquèrent avec l'aide de militaires et de policiers armés de fusils.

Les militaires les maîtrisèrent et leur dirent de se séparer selon les ethnies : les Tutsi d'un côté, les Hutu de l'autre. Ils leur dirent aussi de remettre tout leur argent, ce qu'ils firent. Pratiquement tout le monde était tutsi, seules trois personnes sortirent des rangs et dirent être hutu.

On leur demanda ensuite de se séparer selon le sexe. Les hommes, les jeunes gens, les garçons et même les nourrissons de sexe masculin furent regroupés d'un côté. Les mères étaient terrifiées, elles mirent des petites robes à leurs garçons, mais les *Interahamwe* cruellement vigilants les leur arrachèrent de force. Sous leurs yeux, le groupe des hommes et des garçons fut massacré sur le champ, à coups de machette, avec acharnement et sans pitié, jusqu'au dernier. C'est un souvenir qui torture Diane sans cesse.

Après avoir achevé tous ceux de sexe masculin, on demanda aux femmes, aux filles et aux enfants de sexe féminin de se regrouper dans l'arrière-cour d'une maison. Les tueurs disaient qu'elles allaient leur servir de « dessert ». Les cadavres étaient éparpillés partout, le sang inondait le sol. Les femmes pleuraient, celles qui venaient de perdre un mari, un fils ou un frère, étaient inconsolables.

Le matin du jour suivant, les *Interahamwe* sont revenus et ils ont forcé les femmes tutsi à se mettre en marche. Ils se sont bien gardés de leur faire savoir qu'ils les emmenaient pour les noyer dans la Nyabarongo ; ils disaient les conduire vers le cours d'eau Base qui s'écoule dans la

Nyabarongo au nord-ouest de Kigali. Diane ne comprenait pas ce que cela voulait dire, mais la plupart de ses compagnes d'infortune étaient terrorisées et sûres qu'on les conduisait vers le lieu de leur mort. Diane n'éprouvait pas de peur. Une fois sur la route, on leur fit prendre un petit sentier qu'elle reconnut : il menait vers la Nyabarongo. Là, elle fut prise de frayeur. Beaucoup pleuraient, d'autres priaient. Cela faisait longtemps qu'elles n'avaient rien mangé et elles peinaient à avancer. Les *Interahamwe* frappaient avec violence celles qui traînaient et certaines étaient tuées à la machette.

Le chemin fut long et douloureux. Quand le sentier déboucha sur la Nyabarongo, ce fut presque un soulagement. Durant le génocide, les Tutsi en étaient arrivés à haïr cette vie, mourir était plus souhaitable que la souffrance continue. Arrivés à la rivière, les *Interahamwe* se mirent à les pousser dans l'eau. Certaines préférèrent s'y jeter volontairement, plutôt que de subir la torture des coups de machette ou de gourdin clouté avant d'y être précipitées. Les *Interahamwe* leur dirent de « suivre leur route » et de retourner « chez elles[5] », dans « leur » pays. Il y avait plus d'une centaine de personnes. À la fin, Diane s'est retrouvée seule sur l'une des rives de la rivière, toutes les autres avaient été emportées par les flots. Il n'y avait plus qu'elle. Quand elle s'est retournée, elle a vu un *Interahamwe* qui avait déjà levé sa machette pour lui trancher la tête. Elle s'est jetée dans la rivière qui l'a emportée, le bébé toujours attaché à son dos.

Elle se souvient de l'eau qui l'entraîne, qui lui entre par le nez et la bouche. Elle n'arrive plus à respirer, elle hallucine. Elle entend des voix qui prient en plusieurs langues, au fond de l'eau, elle se demande si ce sont des grenouilles. Une fois terminée leur sale besogne, les tueurs sont partis. Diane ne savait pas nager et n'avait toujours vu la rivière que de loin ou en traversant le pont en taxi collectif pour rendre visite à sa tante qui habitait dans le Bugesera. Elle boit la tasse et cesse de lutter, elle pense que sa fin est arrivée, quand soudain ses bras et son cou sont arrêtés par les herbes qui poussent dans la rivière. Elle se sent plus légère et se met à réfléchir : doit-elle se laisser mourir ou lutter et tenter de sortir de cette eau ? Elle regarde en vain de tous côtés, espérant apercevoir quelqu'un, mais elle ne voit personne. Elle se demande ce qu'elle va devenir si elle sort, vu que « le monde est fini » (*Isi irashize*).

5 Voir p. 14.

Mais l'envie de vivre est plus forte. Elle s'accroche aux herbes et elle sort de l'eau[6].

Assise au bord de la rivière, Diane se regarde. Elle est sale et trempée. Son ventre est gonflé, rempli d'eau. Elle se rend compte qu'elle n'a plus l'enfant au dos, se met à crier, à hurler, à pleurer, à se rouler par terre. Mutoni s'était détachée dans le combat avec la rivière et avait été emportée. Diane veut se noyer à son tour, elle veut retourner dans l'eau pour y mourir. Elle ne sait pas ce qui s'est réellement passé à cet instant, mais elle est tombée et s'est mise à vomir toute l'eau qu'elle avait avalée. Puis elle s'est endormie.

Quand elle s'est réveillée, c'était le milieu de la nuit. Elle s'est levée et elle est partie seule dans le noir, sans savoir où elle allait. Elle avait l'impression de tourner en rond parmi les cadavres qui avaient été tués avant d'arriver à la rivière. Quand elle est enfin sortie des champs de cannes à sucre, elle est tombée sur des barrières. Comme elle avait fini par comprendre que ceux qui étaient tués étaient des Tutsi, elle s'est mise à clamer qu'elle était hutu, bien que tout le monde pouvait sans peine voir qui elle était. Parfois elle mentait mal, mais on la laissait passer sans trop la brutaliser, d'autres fois on la giflait ou on lui donnait un violent et brutal coup de pied, mais on la laissait continuer en lui disant qu'elle ne dépasserait pas vivante la prochaine barrière.

Après quelque temps elle se rappelle qu'elle a deux oncles. L'un à Gatare et l'autre à Nyamirambo, où avait été accueillie sa sœur Rosine. Elle demande son chemin à une paysanne qui le lui indique, ajoutant que vu qu'elle est très certainement tutsi, elle risque d'être tuée. La femme lui souhaite bonne chance. Diane ne sait pas combien de jours et de nuits elle a marché, mais ils furent nombreux au regard de la courte distance qui sépare les deux localités. À de multiples reprises, après de longs détours, elle tombe sur des barrières. Un jour, elle entre par inadvertance dans un camp militaire protégé par une barrière faite avec des têtes de vache. Par miracle, elle en ressort vivante.

Arrivée chez son oncle Stéphane à Gatare, elle trouve sa maison détruite. Elle demande à une femme qui travaillait juste à côté si elle a des nouvelles des anciens occupants de la maison. Celle-ci lui répond qu'elle a entendu dire qu'ils n'avaient pas encore été tués et elle lui indique sur

---

6 Voir Mugesera Antoine, à propos de celles et ceux qui ont survécu à la noyade et qu'il appelle les *inkirirahato*, n. 1, p. 81.

la colline d'en face une maison où elle pense qu'ils se trouvent. C'était chez le grand frère de Stéphane et Diane s'y rend.

Une fois-là, elle trouve la femme de Stéphane et ses filles. Stéphane et son fils Kajugujugu avaient été tués. Quand elles ont vu Diane, elles se sont mises à pleurer, disant que sa venue les attristait car elles se savaient destinées à la mort à tout moment. Elles savaient que Diane ne serait pas en sécurité et qu'elle allait sûrement périr avec elles. Elles avaient donné de l'argent à un imminent *Interahamwe* qui les protégeait pour l'instant, mais cela ne présentait à terme aucune garantie.

Peu de temps après, Diane a décidé d'aller chercher sa sœur Rosine ou au moins d'essayer de savoir ce qui lui était arrivé. Elle ne savait pas si elle avait été tuée ou si elle était encore en vie. Elle choisit de se rendre chez son oncle qui l'avait accueillie avant le génocide. Elle est allée voir une Hutu dont la mère était tutsi et qui était leur voisine. Elle avait peur d'être dénoncée, mais la femme n'en fit rien. Elle lui apprit que Rosine n'était pas morte, mais qu'elle avait été grièvement blessée par des éclats de grenade. Elle avait été attaquée à l'intérieur de la maison de son oncle et elle y était encore.

Diane s'est approchée d'une autre femme qui habitait tout près d'un enclos où des Tutsi s'étaient cachés. D'aucuns disaient que cette femme était une prostituée. Elle l'a suppliée de la conduire là où on lui avait dit que Rosine se trouvait. Elle n'était pas sûre de reconnaître l'endroit, où elle s'était parfois rendue avec sa mère. La femme accepta et la prit par la main. Toutes deux sont passées par des lieux effrayants.

Aux barrières, les *Interahamwe* voulaient les séparer pour tuer Diane, mais la femme mentait, elle disait que Diane était sa fille, qu'elle-même était une prostituée et ne pouvait savoir de qui était l'enfant. Elle disait que Diane était hutu, mais qu'elle ressemblait à sa grand-mère tusi, alors que son grand-père était hutu.

Elles sont arrivées là où se trouvait Rosine qui fut sidérée et bouleversée de voir Diane. Elle pleurait sans arrêt. Elle avait été blessée à la tête et sur les membres et elle était couverte de pansements. Les deux sœurs se sont serrées longuement dans les bras avant que Diane ne demande des nouvelles de leur mère. Rosine dit que leur mère l'avait quittée le 8 avril pour aller retrouver ses enfants à la maison. Elle avait compris qu'avec Rosine, elles n'iraient pas loin sans être tuées. Elle avait dit à Rosine de rester et « si par la grâce de Dieu je survis, peut-être qu'on se reverra ». Rosine dit qu'elle croyait que leur mère avait été tuée comme beaucoup d'autres à Nyamirambo. Des familles entières avaient été décimées et massacrées. Il ne restait pratiquement aucun espoir à Diane et à Rosine de retrouver leur mère ni quelque autre survivant de leur famille.

Rosine dit à sa sœur qu'elle connaissait de graves problèmes et des difficultés terribles, mais elle ne parvenait pas à lui en parler. Diane comprit qu'elle avait été séquestrée par un *Interahamwe* qui la violait régulièrement. Cet *Interahamwe* disait que Rosine était « sa » femme. Diane est restée avec Rosine. L'*Interahamwe* allait et venait, abusant de sa sœur après avoir tué des Tutsi durant toute la journée. Un jour, un groupe d'*Interahamwe* vint et ramassa tous les Tutsi qui vivaient dans cet enclos, dont Rosine. Diane réussit à se cacher, mais Rosine fut jetée dans une fosse. L'*Interahamwe* qui la séquestrait est allé l'en retirer et il l'a ramenée dans la maison pour continuer à la violer.

À Kigali, les combats s'intensifiaient, les *Inkotanyi* du FPR gagnaient du terrain. C'est alors que l'*Interahamwe* dit à Rosine et à Diane qu'elles devaient prendre la fuite avec lui. Elles ont refusé, elles voulaient rester dans leur pays. Mais l'homme, au lieu de les laisser aux *Inkotanyi*, préférait les tuer et abandonner leurs cadavres. Il les a contraintes à le suivre et les entraînées jusqu'au Zaïre.

Ce fut un long et pénible voyage. Elles sont arrivées là-bas, après un périple rempli de dangers. À plusieurs barrières, elles ont failli être tuées. L'homme qui avait kidnappé Rosine donnait de l'argent ou négociait et on les laissait passer. Arrivée à Goma (Zaïre), Rosine attrapa le choléra, mais heureusement elle n'en est pas morte. Auparavant, elle avait été infectée par le VIH, mais elle l'ignorait encore.

Parfois Diane dit que Dieu lui a fait traverser tellement d'épreuves, qu'elle ne parviendra jamais à toutes les nommer.

Dans les camps de réfugiés au Zaïre, elles étaient en permanence menacées de mort. Elles cherchaient tout le temps à rentrer au pays, sans trouver comment s'échapper. L'homme qui les avait entraînées a fini par leur donner son accord : elles pouvaient rentrer si elles en trouvaient l'occasion. Lui-même était à court d'argent et menacé de mort à cause de leur présence sous sa tente.

En 1996, elles réussirent à s'enfuir et à rentrer au Rwanda par la frontière à Gisenyi. Là, elles comprirent que leur famille avait été anéantie.

Elles ne retrouvèrent qu'une de leurs tantes paternelles et un oncle. Elles étaient contentes de les retrouver, mais il y avait eu tellement de morts, tellement de malheurs, qu'elles sentaient un vide incommensurable qui régnait en elles et autour d'elles.

« La vie devait reprendre ». Diane a repris ses études. Elle s'est rappelé que son oncle travaillait au lycée Notre-Dame de Cîteaux. Il a tenté de faire réadmettre Rosine dans son école, qui a refusé catégoriquement. Elle était traumatisée, trop brisée pour reprendre une vie normale.

Elle est tombée amoureuse d'un homme qui était rentré du Zaïre, ils se sont mariés et ont eu un enfant qui mourut à l'âge d'un an. C'est à la mort de cet enfant qu'elle apprit qu'elle avait le VIH, juste avant son départ pour les États-Unis.

Diane a rejoint Rosine aux USA et elles ont habité ensemble à Portland (Maine).

Rosine est morte en 2011, alors que Diane s'y attendait le moins, juste un an après son arrivée. Rosine était tout ce que Diane avait, elle était la seule personne qui lui restait. Elle est morte le jour de l'anniversaire de Diane, alors qu'elle avait invité des amis pour le célébrer. La maison était remplie de monde. Elle est tombée et elle est morte sur le coup, suite aux blessures qu'elle avait reçues et non du VIH. Un éclat de grenade s'était logé dans son crâne et il l'a tuée. À son arrivée en Amérique, les médecins lui avaient dit que cet éclat était enfoncé trop près du cerveau pour être enlevé sans danger. L'opération aurait pu lui être fatale et elle devait vivre avec.

Peu avant sa mort, elle se plaignait de terribles et permanents maux de tête. Une sorte de strabisme étrange était apparu, alors qu'auparavant ses yeux étaient normaux. Les médecins lui avaient dit que cette anomalie serait corrigée facilement.

Rosine est décédée. Diane est restée seule. Les rescapés qui habitent aux États-Unis l'ont aidée et Rosine a été enterrée dans son pays, au Rwanda.

Aujourd'hui Diane est mère, elle a épousé un homme qui a « la même histoire » qu'elle et elle remercie Dieu pour avoir retrouvé une communauté où chacun et chacune se soutient mutuellement.

À BUTAMWA, MUKAWERA ET OMAR

Butamwa est située dans une région proche de Kigali, non loin du Bugesera. Elle est traversée par la Nyabarongo. Les collines de Butamwa surplombent la rivière. Beaucoup de Tutsi vivaient là. Ils gagnaient leur vie en menant des activités agricoles dans la vallée.

En avril 1994, c'était la période de crue et la vallée était inondée. La Nyabarongo coule au milieu de la vallée couverte de papyrus impénétrables, où beaucoup de Tutsi ont tenté de se réfugier durant le génocide. Dans ces lieux hostiles, certains ont été dévorés par des bêtes sauvages et attaqués par les insectes, d'autres ont disparu dans les marais et d'autres encore ont été emportés par le courant. Les tueurs ont brûlé les papyrus pour obliger ceux qui s'y étaient cachés à sortir. Tuer les Tutsi en les noyant fut l'une des armes les plus redoutables utilisées dans la région de Butamwa.

Mukawera était jeune lors du génocide. Elle est née dans une famille de neuf enfants et toute sa famille a été noyée dans la Nyabarongo. Elle est restée seule. Après le génocide, Majyambere Omar et ses complices ont avoué avoir tué et noyé les membres de sa famille. Elle aussi avait été précipitée dans la rivière, mais elle s'est accrochée aux herbes et a miraculeusement échappé à la mort[1]. Elle est maintenant mariée.

En février 2007, j'ai visité la prison centrale de Kigali, connue sous le nom de « prison 1930 », pour rencontrer ceux qui avaient tué et noyé des Tutsi. Omar a répondu à mes questions. Il m'a raconté qu'il

---

1 Mugesera Antoine appelle ces rescapés de l'ultime chance des *inkirirahato*. Ce terme désigne habituellement la tache blanche inaltérée qui demeure au sein du mélange de la farine de manioc et de l'eau. Sa blancheur tranche avec la couleur homogène de la pâte. Par analogie, il désigne ainsi celles et ceux qui contre toute attente ont survécu à la mort programmée par noyade. On dit aussi qu'ils ont « sauté par-dessus la mort » (*bararusimbutse*). Mugesera, Antoine, « Les miraculés du génocide : témoignages », Kigali, *Dialogue*, N° 190, mars 2010, p. 43.

avait tué plus de trois cents Tutsi à la barrière établie sur la route qui va de Kicukiro jusqu'au Bugesera, quand les Tutsi essayaient de fuir après avoir été abandonnés par les forces de l'ONU à l'École technique officielle[2] (ETO). Omar s'est repenti, il a avoué les actes cruels qu'il avait commis. Il m'a expliqué comment la famille de Mukawera avait été tuée. Ayant avoué tous ses crimes, il s'apprêtait à sortir de prison. En attendant, il m'a donné l'adresse de Mukawera et m'a indiqué les dates auxquelles les présumés génocidaires du district de Butamwa comparaîtraient devant le tribunal *gacaca*[3].

Je me suis rendu à Butamwa. J'ai rencontré Mukawera qui a accepté de me parler. Elle m'a expliqué qu'elle vivait en bonne entente avec Omar depuis qu'il lui avait demandé pardon. Quand il a été remis en liberté, elle a accepté de le revoir sur les lieux mêmes où sa famille a été noyée par Omar et sa horde. Accompagnés du mari de Mukawera, nous sommes partis à la rencontre d'Omar. Nous ne l'avons pas trouvé. Il était allé vendre sa récolte au marché. Mukawera m'a expliqué qu'Omar s'occupait des champs de sa famille[4]. Elle a dit qu'elle avait été surprise de le voir venir un jour vers elle une houe à la main pour l'aider à cultiver les champs. Elle n'avait plus de problèmes avec lui, mais chaque fois qu'elle le voyait, elle ressentait du chagrin. Omar habitait tout près des ruines de la maison des parents de Mukawera. Lorsqu'elle

2 Le 10 avril 1994, très tôt le matin, les Tutsi pourchassés et blessés à Kigali se sont réfugiés à l'École technique officielle de Kigali (ETO), où était installée la force des Nations unies (Minuar) censée les protéger. Confiantes, des milliers de personnes ont afflué. « C'était le jour du grand espoir de survie, et ce fut le dernier », écrit Mukayiranga Spéciose. « Pourquoi tant de haine », *Cahiers de mémoire, Kigali, 2019*, Paris, Classiques Garnier, 2019, p. 40. Dans les heures qui ont suivi, les Blancs ont été triés et évacués. Le 11 avril, les agents de la Minuar ont brusquement quitté le camp à bord de leurs camions. Abandonnant les Tutsi entre les mains de leurs bourreaux, les vouant à la mort. La tuerie a commencé. Ce fut un massacre. Le mémorial de Nyanza à Kigali renferme les corps de douze mille personnes, dont cinq mille ont été assassinées, après avoir été abandonnées par le contingent belge de la Minuar.

3 Les juridictions *gacaca* (« le gazon ») s'inspiraient des assemblées traditionnelles où les sages du village réglaient les différends et les conflits de voisinage. Après une phase d'instruction de trois ans, les douze mille cent juridictions réparties dans tout le pays ont jugé entre 2002 et 2012 près de deux millions de personnes, à l'exception des crimes de première catégorie concernant les planificateurs, les organisateurs, ceux qui ont agi en position d'autorité, ainsi que ceux qui sont coupables de tortures sexuelles ou de viols, qui relevaient du TPIR.

4 Depuis qu'elle est mariée, Mukawera vit loin des champs de sa famille. Omar, qui habite tout près, s'en occupe. Ils ont conclu un accord.

allait travailler dans les champs, elle trouvait toujours un verre d'eau fraîche à boire chez Omar avant de rentrer chez elle.

Nous avons retrouvé Omar au marché. J'ai été surpris de voir comment Mukawera et lui se sont salués amicalement. Puis nous sommes partis pour la rivière. Omar était sur son vélo et nous étions dans la voiture. Arrivés à la rivière, je marchais derrière eux, tandis qu'Omar expliquait à Mukawera ce qui s'était passé : « Te souviens-tu comment nous vous avons assassinés ici ? Te souviens-tu comment nous vous avons jetés dans la rivière ? » Mukawera a répondu : « Oui. » Son mari ne pouvait retenir ses larmes. Omar a continué à rappeler tout ce qui s'était passé. Lorsque Mukawera était trop bouleversée, elle s'asseyait par terre. Omar a continué à lui donner des détails : comment sa famille avait été noyée, comment il l'avait vue lutter avec la rivière. Et encore une fois, il lui a demandé pardon. C'était un moment d'intense émotion. Pour signifier que le pardon avait été accordé, ils se sont embrassés. Omar a dit : « Pardonne-moi, tu étais comme ma fille et quand je te vois, je suis rempli de remords. Je me rends compte que c'est moi qui t'ai rendue orpheline. Si je n'avais pas participé au massacre de ta famille, tu ne serais pas seule aujourd'hui et il n'y a rien que je puisse faire pour oublier toutes les larmes que je t'ai fait verser, mais je ferai tout ce que je peux pour t'aider. Finalement, rien ne nous séparait… » Ce n'est pas facile d'écouter de telles paroles, mais pour aboutir à l'unité et à la réconciliation, nous avons besoin de beaucoup de gens comme Omar. Pourtant rien n'explique pourquoi et comment un homme a pu tuer jusqu'à trois cents personnes.

J'écris ce livre pour que tous ceux qui pouvaient faire quelque chose pour mettre fin au génocide, mais qui n'ont rien fait, se sentent humiliés chaque fois qu'ils entendront le mot « génocide ». Malheureusement certains, surtout ceux qui ont poursuivi une carrière politique dans les rangs des génocidaires, ne ressentent pas de honte pour les méfaits qu'ils ont commis. Plus ils sont montés haut dans les échelons du pouvoir, plus ils sont oublieux. À ce stade, on ne peut rien attendre de bon. Pourtant l'histoire leur apprendra quelle fin catastrophique attend ceux qui sont connus pour le mal qu'ils ont fait.

À RUKUMBERI, MUKANKUBITO ALPHONSINE

Mukankubito Alphonsine est née le 10 novembre 1982. Lors du génocide des Tutsi, elle avait douze ans. En 2007, quand je l'ai rencontrée, elle avait vingt-cinq ans. Quand le génocide a commencé, son père a demandé à un voisin ami, Berinyuma Pierre, de venir chercher sa femme et ses enfants à Rukumberi pour les conduire dans un lieu sûr, dans le district de Mugesera, sur l'autre rive du lac du même nom. Berinyuma les a cachés dans une maison. Sur ces collines, à quelque trente kilomètres de distance en bateau, il les a sauvés du génocide qui se déroulait au même moment à Rukumberi. Puis il les a laissés là pour rejoindre les miliciens et poursuivre les tueries des Tutsi dans la région de Mugesera. Il a sauvé la vie de la mère d'Alphonsine et de ses enfants. Mais le 10 avril 1994, les *Interahamwe* ont attaqué la maison où ils se trouvaient. Ils les ont tous fait sortir et les ont conduits jusqu'au lac Mugesera[1]. Là, sa mère Mukankusi Emilie, enceinte de sept mois, son petit frère Mugiraneza, qui avait huit ans, et la cadette Ingabire, qui avait quatre ans, ont été transpercés de lances, tués, puis jetés dans le lac.

Mukankubito Alphonsine a été blessée à la tête à coups de machette, mais avant qu'ils ne la transpercent à son tour, elle s'est jetée à l'eau. Après avoir été témoin de la mort de sa mère, de son petit frère et de sa cadette, elle a lutté pendant plusieurs heures pour traverser ce grand lac.

1 Dans le secteur de Rukumberi, sur les rives du lac Mugesera, les restes des corps de plus de huit cents victimes du génocide ont été découverts en septembre 2020. Pour Musafiri Jean Pierre, président d'Ibuka dans le district de Goma, cette découverte a été un soulagement pour les familles « qui n'avaient pu offrir une sépulture décente » à leurs disparus. Plus de quarante mille Tutsi sont enterrés sur le site mémorial de Rukumberi. En un an (2018-2019), les restes de cent dix-huit mille quarante-neuf victimes ont été retrouvés dans dix-sept districts du pays. Voir Agence Xinhua, 15 septembre 2020 et Commission nationale de lutte contre le génocide (CNLG).

Bien que peu habituée à nager, elle a survécu. Elle a mis deux heures pour atteindre l'autre rive, avant de rejoindre Rukumberi, où elle vivait auparavant avec sa famille.

Kwibuka

Mukankusi Émilie, sa mère.

Mugiraneza, son petit frère.

Ingabire, sa cadette.

Ndayisaba, son père, a été tué le 14 avril 1994. Les Hutu regroupés dans la milice *Interahamwe* ont d'abord pillé tous ses biens, ensuite ils l'ont coupé à la machette et l'ont abandonné sur place.

Ntazinda, son grand frère, né en 1980, fut coupé à la machette et jeté dans une fosse commune alors qu'il respirait encore. Il avait quatorze ans.

Son petit-frère né en 1984 fut tué alors qu'il tentait de fuir au Burundi. Il avait dix ans.

Ndayisaba, un autre petit frère, né en 1988, a été séparé des autres enfants avec lesquels il se cachait. Ils l'ont coupé à la machette, en disant qu'il était un dangereux « serpent », comme on appelait alors les Tutsi. Les tueurs expliquaient que les enfants de « serpents » grandissent en reproduisant la malignité de leurs parents. Pour ce seul motif, ils ne devaient pas survivre. Ndayisaba avait six ans.

Mwizerwa Silas, son oncle, a été tué à la machette dans la région de Kabuga. Sa femme et ses enfants ont été tués à Ruhanga. Sa femme avait donné de l'argent pour acheter les balles qui les tueraient sur le champ. Elle redoutait de mourir sous les coups de machette et elle a tout tenté pour qu'ils soient tués par un coup de fusil. Malgré ses supplications, les tueurs les ont coupés à la machette.

Mukaruziga Mary, sa tante, a été tuée à petit feu. Les *Interahamwe* venaient chaque jour chez elle, ils l'ont torturée jusqu'à ce qu'elle rende son dernier souffle après trois jours de supplices. Ils disaient que les Tutsi devaient mourir progressivement parce qu'ils sont comme de la viande fumée qui atteint son goût idéal après trois jours. Son mari et ses trois enfants furent tués, alors qu'ils tentaient de fuir au Burundi. Leurs corps ont été jetés dans la rivière Akanyaru.

John et Geoffrey, ses oncles, ont été tués à la machette pendant le génocide. John est mort à Kigali où il travaillait dans une usine de tôles ondulées.

Nkubito et Shema, ses oncles, ont été tués. Nkubito est mort à Birenga. Il travaillait à l'Économat de Kibungo. Shema était enseignant à l'école primaire. Il a été tué le 9 avril 1994.

Immaculée, sa tante, a été tuée chez son grand frère. Elle était allée rendre visite à sa belle-sœur qui avait mis au monde un bébé deux jours auparavant.

Vénantie, sa grand-mère paternelle, a été tuée tout près de chez elle par une horde de tueurs, le 12 avril 1994.

Sa grand-mère maternelle a été tuée le samedi 9 avril 1994 par des tueurs hutu qui ont attaqué la maison de Mushoza qui avait caché des Tutsi.

Marie, sa tante, a été brûlée dans sa maison avec le bébé qu'elle venait de mettre au monde.

L'oncle du père d'Alphonsine, sa femme Mukamana et leurs trois enfants ont été jetés dans le lac Mugesera. L'un des enfants, Uwangabe, a pu nager et s'échapper ce jour-là, mais la chance ne lui a pas souri. Il a été rattrapé plus tard et tué.

Alphonsine m'a dit qu'elle n'oubliera jamais le jour où les tueurs ont trouvé un grand nombre de Tutsi cachés au milieu des papyrus, dans un lieu surnommé « la gare » parce qu'ils avaient pris l'habitude de s'y retrouver. Beaucoup ont été tués là ou noyés dans le lac ; d'autres ont disparu dans les marais. Très peu ont échappé à la mort ce jour-là.

Au mémorial de Rukumberi reposent plus de vingt-huit mille victimes du génocide, retrouvées sur les collines et enterrées en dignité. Rukumberi est entouré par les rivières de la Nyabarongo et de l'Akagera et par les lacs Sake, Mugesera, Birira, Rurayi. Tuer les Tutsi et les jeter dans ces rivières et ces lacs était le moyen le plus rapide de les éliminer, ainsi que le revendiquaient les Hutu. Mugesera[2] Léon, extrémiste Hutu, a été le promoteur de l'expression perfide, « le raccourci », devenu synonyme à

2 Mugesera Léon, conseiller et responsable du Mouvement républicain national pour le développement (MRND). Dès 1993 il s'est enfui au Canada où il a été arrêté en 2012 et extradé au Rwanda. Jugé à Kigali, il a été condamné à la prison à vie en 2016 pour incitation au génocide, une incitation pleinement manifeste dans son discours prononcé en 1992.

peine voilé d'extermination et suivi à la lettre en 1994. Il a employé ce terme pour la première fois à Kabaya, le 22 novembre 1992, devant un millier de personnes, lors d'un meeting du parti MRND[3] qui a ouvert la voie au génocide. S'adressant à un membre du PL[4], c'est-à-dire à travers lui à l'ensemble des Tutsi, il lui a dit : « Ne sais-tu donc ni entendre ni lire ? Moi, je te fais savoir que votre pays, c'est l'Éthiopie et que nous vous ferons passer par la Nyabarongo pour que vous parveniez le plus vite possible là-bas. » Voilà qui explique tout. Voilà pourquoi ils s'acharnaient à tuer les Tutsi et à les jeter dans les rivières.

Rappelons que les Tutsi de Rukumberi avaient été installés dans cette région en 1963 par le gouvernement qui les avait chassés des régions fertiles où ils vivaient auparavant. Ils avaient été forcés de vivre dans les forêts hostiles de Rukumberi. Les autorités espéraient qu'ils seraient tués par les mouches tsé-tsé, les famines ou d'autres causes. Elles ne voulaient pas les laisser fuir en exil et préféraient qu'ils soient exilés à l'intérieur de leur propre pays, en instance de mort. À l'époque beaucoup sont morts, mais ceux qui en ont réchappé ont construit leurs maisons. Ils ont commencé à travailler dur, ils ont reconstitué de grandes familles et ont transformé cette région inhospitalière, couverte de forêts et de marais, en une région accueillante. Ce sont ces mêmes Tutsi qui ont été décimés impitoyablement pendant le génocide en 1994.

---

3 Voir n. 13, p. 15.
4 Le Parti libéral (PL), parti d'opposition, composé majoritairement de Tutsi.

À RUKUMBERI, MUTAYOBA DEO ET MURASIRA DANON FRÉDÉRIC

Mutayoba Deo est né à Rukumberi dans une famille de vingt-neuf enfants et il a été le seul à survivre avec son petit frère.

Pendant le génocide, beaucoup de Tutsi sont morts à Rukumberi et dans les environs : à Kabindi, Rwimpongo, Rukongi, Novi… Après le génocide, on a essayé de rassembler l'ensemble des corps épars dans les champs, dans les fosses communes ou encore dans les latrines. On les a emportés sur le site mémorial de Rukumberi pour qu'ils soient enterrés en dignité. Leurs corps ont été identifiés par les survivants de leurs familles, par des voisins ou par ceux qui avaient assisté aux tueries et au massacre des familles intégralement décimées. D'autres sont morts loin de chez eux, aux barrières qui leur interdisaient tout espoir de s'enfuir. On a compté vingt-huit-mille corps, mais ce chiffre ne tient pas compte de tous ceux qui ont été jetés dans les rivières.

En 1992, le père de Deo, un homme de très grande taille, a été ligoté et il est resté attaché à un arbre durant toute une journée. Il était obligé de se courber en raison de sa grande taille et les génocidaires l'appelaient le Tutsi au « dos courbé ». Ils l'accusaient de se courber pour lancer son regard avec condescendance au-dessus de leurs têtes. Ils voulaient que le père de Deo se redresse pour ne plus les regarder ainsi.

Rukumberi est entouré de rivières et de lacs et quand tu te trouves en haut sur les terres de Mutayoba Deo, tu peux contempler l'ensemble du paysage. Tu vois les rivières de la Nyabarongo et de l'Akagera, ainsi que les lacs de Mugesera, Birira, Sake et Rurayi.

Un jour, Rubunda, un jeune *Interahamwe* âgé de quatorze ans, a ordonné à Mutayoba Deo d'enlever tous ses habits. Il l'a obligé à marcher complètement nu dans Rukumberi, avant de le jeter avec d'autres dans la rivière Akagera. Rubunda a revêtu les vêtements de Deo. Mutayoba savait nager, il a traversé la rivière et il est allé se cacher dans la brousse, après avoir subi cette extrême humiliation de marcher nu dans les rues de son village. Tous les membres de sa famille ont péri. Deo vit maintenant dans le même quartier que Rubunda qui lui a donné des informations sur la mort des Tutsi à Rukumberi. Rubunda a été emprisonné puis remis en liberté, en raison de son jeune âge lors de sa participation au génocide. Autrefois, il était ami avec Deo. Ils allaient à l'école ensemble. Rubunda m'a dit qu'il avait tué tellement de Tutsi qu'il n'arrivait même pas à se souvenir de leur nombre. Il mène actuellement une vie semblable à celle de tous ses concitoyens. Il a avoué ses crimes, il a demandé pardon à Deo, il lui a dit ce qui s'était passé et il a accusé nommément ceux qui « travaillaient » avec lui quand il tuait les Tutsi.

En 2005[1], quiconque avouait ses crimes et demandait pardon, voyait sa peine diminuer. Rubunda a été libéré après sa comparution devant le tribunal *gacaca* auquel il a dit tout ce qu'il savait et tout ce qu'il avait fait. Mais tous ceux qui ont été remis en liberté n'ont pas dit toute la vérité. Certains mentaient pour sortir de prison ou bénéficier d'une réduction de peine. Mais s'il s'avérait qu'ils avaient menti, ils retournaient derrière les barreaux. Quant à ceux qui ont dit la vérité, leurs paroles ont souvent soulagé les survivants.

Retourner derrière les barreaux, c'est ce que redoutait Habinshuti Innocent, qui avait été l'un des prisonniers libérés en 2003, lorsqu'il apprit qu'il était sur la liste de ceux qui devaient comparaître à nouveau. Il avait imaginé éliminer le président du tribunal *gacaca* à Rukumberi, qui était l'oncle paternel de mon ami Murasira Danon Frédéric. Mais son plan a échoué et c'est un autre sinistre stratagème qu'il a mis en œuvre.

Le 19 novembre 2006, Murasira Danon Frédéric est allé rendre visite à son oncle paternel qui vivait près des terres ayant appartenu à son père tué lors du génocide.

Pendant cinq ans, nous avons vécu, Murasira et moi, dans deux petites maisons côte à côte qui comprenaient chacune une seule pièce, mais pour nous c'était un palais ! Nous partagions tout, les moments difficiles

---

1 Au début des années 2000, deux vagues de libération de détenus ont eu lieu. En 2003 et 2004, près de trente mille prisonniers impliqués dans le génocide ont bénéficié d'une remise en liberté provisoire, soit un tiers des détenus. Il s'agissait d'hommes âgés de plus de soixante-dix ans, de malades, de mineurs au moment des faits, ainsi que de ceux ayant avoué leurs crimes et dont le temps passé en prison dépassait la peine qu'ils encouraient. Conformément aux lois *gacaca*, les aveux entraînaient une réduction de moitié de leur peine. En 2005, près de trente mille autres détenus ont été libérés à leur tour.

comme les moments heureux. Nous nous admirions réciproquement. À cette époque je travaillais à la *Deutsche Welle*[2] et j'avais dix-huit ans. Étant orphelin de père, j'ai été obligé de travailler pour terminer mes études secondaires[3]. J'étudiais la nuit et m'efforçais d'aider mes proches et mes amis. Murasira aimait que je travaille dur pour améliorer ma vie et celle de ceux que j'aime, mais il s'inquiétait des séquelles physiques et psychiques que je portais suite au génocide. Il savait écouter les autres. Il était courageux, toujours curieux de découvrir de nouvelles réalités et bien décidé à reconstruire sa vie. Pendant les vacances, lui aussi cherchait des emplois. Il travaillait des nuits entières pour aider les autres. L'avenir semblait lui offrir de belles perspectives. S'il vous trouvait morose, il faisait tout ce qu'il pouvait pour vous faire rire. Quand nous préparions la nourriture, nous avions l'habitude de danser en attendant que le repas soit bien cuit ! Nous partagions l'affection pour les autres et le plaisir de passer du temps avec eux. Muvara, le propriétaire de la maison, nous considérait comme ses propres fils, il nous en confiait la responsabilité quand il devait s'absenter. Il m'était impossible d'imaginer que Murasira puisse être tué un jour, tel un animal conduit à l'abattoir, alors qu'il avait la vie devant lui.

Quand Gatete Jean Marie, surnommé Mariah, est arrivé, il m'a trouvé en train de lire. Il était mon meilleur ami et le grand ami d'enfance de Murasira. Il était environ onze heures du matin. Il m'a dit que Murasira était mort. Coupé à la machette. Je lui ai dit que j'étais occupé à lire et que je n'avais pas le temps d'écouter ses plaisanteries de mauvais goût. J'ai continué ma lecture pendant une dizaine de minutes. Après un moment de silence, j'ai levé les yeux et je lui ai posé une question, mais je m'obstinais à ne vouloir ni pouvoir le croire. Puis le doute m'a envahi et je suis entré dans un état de confusion totale. Je me suis souvenu que nous vivions ensemble comme des frères. Quand nous étions troublés et perdions espoir, Murasira était toujours là pour nous redonner courage. Je ne pouvais imaginer qu'il soit mort. Il était jeune, fort, en pleine santé, persévérant, altruiste. Ce 19 novembre 2006, il était parti rendre visite à son oncle paternel. C'étaient les vacances.

2 La voix de l'Allemagne, *die deutsche Welle*, a émis durant plus de cinquante ans. La station-relais de Kigali a fermé en mai 2016.

3 À l'époque, le Fonds d'appui aux rescapés du génocide (FARG) aidait les jeunes survivants pour la poursuite de leurs études, à condition qu'ils étudient dans la journée. J'ai été obligé de travailler le jour pour aider ma famille et j'ai dû faire mes études le soir, sans recevoir d'aide.

À cette date, le Rwanda effectuait le recensement des enfants rescapés pris en charge par le gouvernement pour leurs frais de scolarité. Ce matin-là, avant de participer au recensement, Murasira et Byiringiro Fils Aimé, son ami d'enfance avec qui il avait grandi, avaient décidé d'aller planter des bananiers dans les champs proches de la maison familiale démolie. Ils avaient pris deux bicyclettes, ils avaient emporté les bananiers et avaient quitté le village pour rejoindre la parcelle. Tous deux faisaient la course sur leur vélo. Après avoir roulé environ sept kilomètres, Murasira, le plus vigoureux des deux, a pris de l'avance, il est arrivé le premier sur place. Habinshuti l'a vu passer devant le centre commercial. Il a pris une machette et il l'a poursuivi. Il l'a frappé quand il était encore sur sa bicyclette. Murasira est tombé, il a essayé de se relever et de fuir, mais Habinshuti a continué à le frapper à mort. Quand Fils Aimé est arrivé à son tour, il a compris ce qui se passait. Il a sauté de son vélo pour aller se cacher. Quand les gens l'ont vu, ils ont commencé à crier très fort. Il a quitté le lieu d'où il apercevait la scène et il s'est mis à courir pour sauver sa vie et aller chercher de l'aide. Habinshuti continuait à frapper sans relâche Murasira à coups de machette, sans lui laisser le temps de respirer. Murasira a tenté de trouver refuge chez un médecin traditionnel dénommé Habyara. Mais loin de lui ouvrir la porte, ceux qui étaient à l'intérieur l'ont aussitôt verrouillée.

Plus tard, quand je suis arrivé sur les lieux, j'ai vu les traces de machette sur la porte. Murasira avait essayé d'esquiver les coups et la machette d'Habinshuti frappait sur la porte et dérapait. Le médecin était à l'intérieur avec une femme venue faire soigner sa fille. La femme m'a dit que Murasira avait appelé au secours très longtemps. Personne ne lui est venu en aide. Après avoir exterminé Murasira, Habinshuti a coupé les différentes parties de son corps pour les jeter dans le lac Mugesera situé à quelques mètres de la maison. Il voulait supprimer et effacer toutes les preuves de son meurtre. Mais il n'y est pas parvenu. Sur place, j'ai remarqué qu'il s'était efforcé de nettoyer les traces de sang répandu là où il avait tué Murasira. On pouvait distinguer les traces des mains de ceux qui avaient voulu l'aider à dissimuler son crime. C'était un dimanche matin, vers huit heures. Quand je suis arrivé, le responsable du village m'a dit qu'il comptait environ six cents personnes. Pourtant, à mon arrivée, il n'y avait plus personne, le village semblait désert bien que les traces laissées par les complices prouvaient qu'ils avaient été plusieurs à agir ensemble.

Habinshuti s'est caché dans les papyrus près du lac Mugesera. Il y est resté deux jours et en est ressorti à cause de la faim qui le tenaillait. Il courait comme un fou et il s'est livré aux autorités locales.

Je suis allé le voir, alors qu'il était en prison. Il m'a dit qu'il n'était pas seul lors de cette tuerie et je lui ai demandé pourquoi il avait fait ça. Il m'a répondu qu'il le fallait et qu'il ne voyait pas où était le problème. Je lui ai demandé pourquoi il avait frappé Murasira à mort et avait coupé son corps. Il m'a répondu : « Chaque partie de son corps représente un membre de sa famille. » Je lui ai encore demandé : « Qu'est-ce qu'il t'a dit quand il agonisait ? » Il m'a répondu : « Qu'aurait-il pu dire ? Je l'avais neutralisé. » Je suis resté abasourdi, me demandant ce qui peut amener quelqu'un à commettre pareille atrocité.

Je lui ai demandé quelle conclusion il en tirait. Il m'a répondu qu'après l'assassinat de Murasira, neuf Hutu avaient été tués en représailles et il désignait les Tutsi comme seuls coupables de ces faits. Il voulait prouver que les Tutsi étaient tous de mauvaises personnes qui méritaient de connaître le même sort que Murasira. Il était convaincu de la légitimité de son geste. Il pensait avoir eu raison de commettre ce crime. Nous avons parlé pendant plus de deux heures. Il était rempli de haine et fier de ses exploits. L'idéologie du génocide restait gravée dans l'esprit de certains et ils étaient nombreux encore à la partager douze ans après le génocide.

Mais pour beaucoup Murasira est devenu un héros. Ce 19 novembre 2006, les enfants rescapés du génocide venus se faire recenser pour recevoir leur matériel scolaire se souviendront de lui à jamais. Il nous manquera toujours. Nous n'oublierons jamais son courage ni son héroïsme.

À RUNDA, MUKANTWALI MÉLANIE ET MUKESHIMANA MARIE

Incroyable ! À regarder cette rivière, personne ne croirait qu'elle a emporté plus de dix-sept mille quatre cent quatre corps en quelque cinq mois, sur une distance de plus d'une centaine de kilomètres jusqu'au lac Victoria, où les pêcheurs ougandais les ont repêchés. Il est possible que d'autres aient échoué ailleurs. Si tant de corps ont été trouvés en Ouganda, on peut se demander s'il n'en est pas de même dans d'autres pays riverains du lac.

Bizimana Jean de Dieu, que beaucoup surnommaient Nduruma, m'a dit qu'il était en charge de huit camions qui charriaient les cadavres des Tutsi toutes les trente minutes pour aller les jeter dans la Nyabarongo. Il reconnaît en avoir tué lui-même beaucoup. Il en ignore le nombre, mais il sait qu'avant de les jeter dans la rivière, les tueurs les coupaient à la machette ou transperçaient leur corps avec une lance ou un pieu. Ils les ligotaient et les attachaient les uns aux autres et leur infligeaient toutes sortes de traitements plus cruels les uns que les autres. Comme si ces atrocités n'étaient pas suffisantes, lui et sa horde avaient construit une petite hutte où à tour de rôle ils violaient les femmes. Quand ils avaient déchiré leurs parties génitales, quand elles perdaient des flots de sang, ils les jetaient dans la rivière. Dans son témoignage, il a révélé toutes les souffrances qu'il a infligées aux Tutsi. Il a demandé à sa mère de se lever face au tribunal et de dire tout ce qu'elle savait et comment elle leur préparait à manger quand ils rentraient de leurs tueries. Il a dit que chaque jour il jetait dans la rivière cent cinquante personnes et la moitié moins quand les tueurs étaient peu nombreux.

À Runda, sur la rivière Nyabarongo entre la ville de Kigali et l'ancienne préfecture de Gitarama, il y a un pont que tentaient de traverser les rescapés. Un grand nombre de Tutsi y ont été tués. Nduruma m'a dit qu'il était motivé par la promesse qu'il avait reçue d'être engagé comme garde du corps du bourgmestre et d'apprendre à lire et écrire. Il vit toujours à Runda.

Sebarindwi Védaste a lui aussi participé aux massacres des Tutsi à Runda. Il en a tué un grand nombre. Quand je l'ai interrogé, il a reconnu en avoir tué sept, alors qu'il s'agit sûrement de plus d'une centaine. En 2006, je suis allé le voir à Runda. Il avait avoué ses crimes et demandé pardon. Il était sorti de prison et je l'ai rencontré chez lui. La hutte qu'ils utilisaient pour violer les femmes était construite dans son champ non loin de la Nyabarongo. En juillet 2007, je ne l'ai pas retrouvé. Il était de nouveau en prison pour avoir menti lors de son témoignage devant le tribunal.

Mukantwali Mélanie est née en 1958. Elle vivait à Runda. Pendant le génocide elle a été jetée avec les membres de sa famille dans la rivière. Elle portait au dos son bébé qui avait un an. Elle a été emportée par le courant et son bébé est mort. Elle a continué à lutter avec l'eau au milieu d'innombrables corps. Elle ne cessait de prier Dieu de l'aider à se débarrasser du bébé mort ou de la laisser mourir elle aussi. Elle ne savait pas nager et elle est restée une journée entière dans la rivière qui l'a emportée de Runda jusqu'à Butamwa. Un très long parcours pour quelqu'un qui ne sait pas nager[1]. Sortie de l'eau, elle est restée inconsciente pendant plusieurs heures.

Kwibuka

Parmi les membres de sa famille qui sont morts noyés pendant le génocide :

Ses cinq enfants : Nzasabamariya Françoise, née le 28 novembre 1980 ; Uwamahoro Francine, née en 1983 ; Mugiraneza Joseph, né en 1986 ; Niyonsenga Anathalie, née en 1988 ; Muhimpundu Jacqueline, née en 1993.

Kayitesi Odette, née en 1976, la fille de sa petite sœur.

Rwangina, son grand-père paternel et ses enfants.

---

1 « La peur est revenue et j'ai continué à me demander : comment une personne peut-elle sombrer dans un lac et en ressortir vivante sans avoir jamais appris à nager ? » Bazizane, Beata, « Le chagrin n'est pas un pleur incessant », *Cahiers de mémoire, Kigali, 2019*, Paris, Classiques Garnier, 2019, p. 60.

Rwemera, son oncle et ses huit enfants.
Mvuzarusango, son oncle avec ses enfants.
Ntagungira et Gasore, ses frères.

Mukantwali Mélanie a survécu avec son mari. Après le génocide ils ont eu cinq autres enfants.

Mukeshimana Marie est née en 1938. Quand le génocide a commencé, elle avait cinquante-six ans. Elle vivait avec sa famille. Tous ont été jetés dans la rivière à Runda. Comme Mélanie, la rivière ne l'a pas tuée. Elle avait essayé d'implorer le pardon des Hutu de Runda, leur demandant d'épargner ses enfants et de la tuer à leur place, mais ils l'ont frappée et jetée dans la rivière. Personne ne leur inspirait la moindre pitié. Les bébés comme les vieillards, tous ont été tués avec une égale cruauté. Ses propres filles, ses voisines et des membres de sa famille ont été violées sous ses yeux. C'est par miracle que Marie a survécu, alors qu'elle ne savait pas nager. La rivière l'a fait échouer très loin. Elle est maintenant seule, sans enfants.

Kwibuka

Mukeshimana Marie avait trois enfants : Kayumba Francois ; Mukankiko Gardiberte ; Gatsinzi qui avait trente ans. Les Hutu les ont coupés et jetés dans les latrines alors qu'ils respiraient encore.

Parmi les membres de sa famille qui sont morts noyés, il y a :
Le fils de son frère, surnommé Fils.
Munyankuso Claudien, son cousin. Jeté dans la rivière avec une grosse pierre autour du cou.
Nyirabahinde Astérie, sa tante. Noyée dans la rivière.
Nyirabagishuli Ancilla, une autre de ses tantes. Noyée.
Mukankusi Odette, la femme de son cousin. Noyée avec ses quatre enfants.
Ont été jetés dans les latrines :
Nyirabashumba Odette, sa mère.
Ngarambe Pierre, son frère, avec ses sept enfants.
Rutagengwa Jean, père de Fils et frère de Marie, a lui aussi été jeté dans les latrines.

LA RÉSISTANCE DES TUTSI SUR LA COLLINE DE SONGA SOUS LA CONDUITE DE SINZI THARCISSE

Sinzi Tharcisse est le fils de Gakwisi Médard et de Kankindi Odette. Il est né dans la commune de Rusatira, dans l'ancienne préfecture de Butare. Sa famille comptait neuf enfants. Seuls quatre sont encore en vie, dont trois rentrés d'exil en 1995. Sa femme s'appelait Kabazayire Jeannette et sa fille Sinzi Nadia. Elle avait un an et huit mois quand elle est morte en même temps que sa mère. Son épouse Jeannette venait d'une famille de cinq enfants, seuls deux ont survécu. Leurs parents sont morts. Sinzi avait quatre sœurs qui avaient onze enfants. Seuls six d'entre eux ont survécu. En 1994, il avait trente-deux ans.

Le 12 avril, au tout début du génocide, Sinzi, sa femme et leur fille se sont réfugiés sur sa colline d'origine à Rusatira, où beaucoup de Tutsi s'étaient rassemblés avec leur bétail près de la rivière Mwogo. Ils ont résisté pendant quelques jours avant de rejoindre le 21 avril l'ISAR[1] de Songa, où plus de trois mille Tutsi étaient déjà présents. L'ISAR de Songa était une institution pour la promotion de la recherche sur l'agriculture et l'élevage ; les Tutsi espéraient y trouver un refuge sûr.

Ils ont résisté durant une semaine jusqu'à ce que la RTLM propage une rumeur affirmant que les Tutsi et l'APR[2] avaient pris le contrôle de l'ISAR de Songa[3]. À cette époque, la violence contre les Tutsi augmentait de jour en jour. De son côté, l'armée du FPR combattait les tueurs génocidaires. Les soldats et les miliciens *Interahamwe* perdaient de plus en plus de terrain. La rumeur sur les Tutsi réfugiés à Songa était un pur mensonge avancé pour justifier les tueries à venir.

---

1 Institut des sciences agronomiques du Rwanda, situé dans l'ancienne commune de Rusatira.

2 Armée patriotique rwandaise, qui a mis fin au génocide.

3 Voir Mukakanimba, Annonciata, « Mon chemin de croix », in *Cahiers de mémoire, Kigali, 2014*, Paris, Classiques Garnier, 2017, p. 83-112.

Alors que les Tutsi gardaient l'avantage, le 27 avril un hélicoptère a survolé les lieux. Une grande quantité de munitions a été livrée aux génocidaires. Des bus remplis d'*Interahamwe* armés de fusils de différents calibres ont afflué sur place. Les miliciens et les soldats ont reçu des voitures blindées, des armes et l'appui des hélicoptères. La nuit, les Tutsi se sont comptés, ils étaient trois mille quatre cent quatre-vingts. Le lendemain à seize heures, l'attaque a été lancée contre eux. Les réfugiés n'imaginaient pas un instant qu'une tragédie pourrait les surprendre en ce lieu. Ils avaient quitté leur domicile en même temps que quelques Hutu fuyant l'avancée de l'Armée patriotique rwandaise (APR). Entre-temps ceux-ci étaient retournés chez eux.

Sur cette colline, les réfugiés étaient en majorité des enfants, des femmes et des vieillards, et quelques jeunes hommes et jeunes filles. Beaucoup de familles venaient des environs. Le 28 avril, ils se sont retrouvés sous une soudaine pluie de balles qui a déclenché une terrible confusion. Beaucoup sont morts sur-le-champ. La fusillade a duré plusieurs heures. Alors que les Tutsi avaient été pratiquement tous décimés, les *Interahamwe* entraînés à cette fin sont venus achever le « travail » avec des armes traditionnelles : machettes, houes, massues.

Pendant la fusillade, Sinzi a dit aux réfugiés de le suivre et ils ont descendu la colline en courant et en combattant pour échapper à la mort. Sinzi leur a dit de se regrouper et les plus vulnérables ont été placés à l'arrière pour être protégés. Alors que tous étaient terrifiés, il leur a demandé d'être courageux et de se défendre. Il a donné l'exemple et ils l'ont suivi. Sinzi s'est battu avec un acharnement sans pareil. Les soldats se sont repliés et sont allés tendre une embuscade ailleurs. Ils ont bouclé le territoire laissant un petit corridor et ils ont massacré ceux qui étaient restés à l'arrière. Sinzi a continué à avancer avec les rescapés de la tuerie, réussissant à passer les barrières. Il a tué quelques *Interahamwe.* Les femmes utilisaient des pierres et les hommes l'arc, la flèche et la machette. Sinzi est un karatéka, il a obtenu le grade de cinquième dan avec ceinture noire. Il ne cessait de se dire : « Même s'ils parviennent à m'avoir, j'en aurai quand même tué quelques-uns parmi eux. » C'est ce qui s'est passé et, ce faisant, il a sauvé la vie de cent seize Tutsi.

Au cours de leur fuite, les Tutsi se sont divisés en deux groupes. Ils n'avaient pas de boussole et peinaient à s'orienter. Les uns ont emprunté une route qui les a tous conduits à la mort. Le second groupe guidé par

Sinzi a réussi à passer une barrière particulièrement bien surveillée. Motivés par Sinzi, ils ont gagné le combat après avoir tué ceux qui la gardaient.

Ils étaient épuisés mais ils ont résisté, animés par la volonté de vivre. Les femmes avaient lancé des pierres dans l'obscurité épaisse pendant que les enfants criaient et que les innocents tombaient. Utilisant toutes sortes d'armes, les tueurs les ont poursuivis dans des véhicules alors qu'ils étaient à pied. Très peu sont arrivés en vie à destination. La majorité d'entre eux a péri. Finalement, Sinzi et son groupe ont atteint la frontière avec le Burundi vers quatre heures du matin après des combats qui avaient duré toute la nuit sur un territoire qu'ils connaissaient mal.

À la frontière, il régnait une immense confusion et là encore beaucoup sont morts. Les marais étaient inondés par la crue de l'Akanyaru[4] qui sépare le Burundi du Rwanda. Les Hutu qui perpétraient le génocide voulaient à tout prix que le plus grand nombre possible de Tutsi se noient et soient emportés par la rivière. Sinzi m'a dit combien il était triste d'avoir vu à l'époque certains se suicider à force de désespoir. Il tentait de les réconforter, mais beaucoup ne pouvaient supporter de rester seuls alors que leurs familles avaient été décimées. Ils étaient accablés de tristesse. Au bord de l'Akanyaru, Sinzi a demandé aux survivants d'enlever leurs vêtements, de les attacher pour faire des cordages et de les utiliser pour traverser la rivière remplie de cadavres. Voyant flotter sur la rivière les corps de leurs amis du premier groupe, le groupe de Sinzi a compris que tous avaient été tués.

De l'autre côté de la rivière, des soldats burundais les ont accompagnés. Sinzi a sauvé cent seize personnes, mais sa femme et sa fille sont mortes. Trois jours plus tard les survivants ont été recueillis par l'UNHCR[5].

---

4 « Plusieurs des miens ont été abattus sur les chemins de la fuite. Y compris les voisins de la colline où nous habitions. Je ne peux les compter sur les doigts de mes deux mains, tant ils sont nombreux. La femme du neveu de ma mère qui portait son bébé au dos... Tous deux ont été jetés dans l'Akanyaru. Son mari a été tué près de ce même cours d'eau. Quatre de leurs enfants ont été jetés au fond des latrines. Le cinquième, âgé de six ans, a été jeté dans la rivière, qui l'a rejeté à trois reprises vers la rive. Chaque fois, les assassins l'ont repoussé dans le lit de la rivière. L'enfant ne savait pas nager. Les *Interahamwe* ont pris peur. Ils ont craint que Dieu, dont la main protectrice évitait la mort de l'enfant, ne leur demande un jour pourquoi ils avaient combattu Sa Toute-Puissance. Ils ont résolu de le repêcher. L'un d'eux a pris l'enfant chez lui où il est resté jusqu'à la fin du génocide. », Mukarutabana, Mélanie, « Une infinie amertume », *Cahiers de mémoire, Kigali, 2019*, Paris, Classiques Garnier, 2019, p. 87-88.

5 Haut-Commissariat des Nations unies pour les réfugiés.

Sinzi a continué à veiller sur eux et sur une femme nommée Béatrice qu'il avait sauvée de la noyade. Elle avait été grièvement blessée et porte toujours une grande cicatrice à la tête. Après avoir été frappée, elle avait perdu conscience. Elle se rappelle seulement avoir été jetée dans l'eau avec ses enfants, dont l'un qu'elle portait au dos. Quelque vingt autres Tutsi ont été jetés à l'eau en même temps qu'elle. Sinzi l'a sortie inanimée de la rivière où elle s'était débattue pendant très longtemps. Son enfant au dos était mort, emporté par les flots. Sinzi a emmené Béatrice à l'hôpital de Kirundo (Burundi) où elle a repris connaissance. À son réveil, elle a aussitôt demandé où était son enfant qu'elle pensait avoir toujours avec elle. Chaque fois qu'elle voit Sinzi, Béatrice pleure, il représente tant pour elle qu'elle l'appelle « le père des Tutsi ».

Sinzi m'a raconté qu'il avait conservé le gilet et le pantalon qu'il portait lors des combats et je me suis souvenu qu'en 1994 ma propre mère était toujours en possession de la robe qu'elle portait en 1973 quand elle avait été jetée dans la Nyabarongo. Pour ma part, j'avais gardé mes cahiers et cette robe dans la petite tente où les *Interahamwe* nous avaient parqués à l'école primaire de Kinyinya. C'est là qu'ils venaient nous chercher chaque jour pour nous tuer les uns après les autres. C'est tout ce que j'ai pu sauver quand notre maison a été pillée.

Juste à la frontière, du côté rwandais, se trouve un mémorial des Tutsi qui ont été tués sur cette colline en descendant vers l'Akanyaru. Au loin, on aperçoit les collines du Burundi. J'y suis retourné en 2007 avec Sinzi. Il ignorait que des victimes avaient été enterrées là. Il a pris un long moment pour se recueillir en leur mémoire.

C'est là précisément que les derniers rescapés de Songa ont résisté aux tueurs avec Sinzi. Ceux qui étaient restés en arrière étaient morts ; les autres avaient été dispersés et beaucoup avaient péri. J'étais éploré de voir délaissé le mémorial de ceux qui ont trouvé la mort dans cette lutte. Le lieu était désert, abandonné.

On ne saurait relater tous les exploits de Sinzi, mais le monde a besoin de beaucoup de Sinzi. Que Dieu le guide et ne le quitte pas des yeux ! Il a sauvé des vies et nous lui souhaitons une vie riche et heureuse à jamais.

À NYANGE, EN PRÉFECTURE DE KIBUYE

À Nyange, dans la commune de Kivumu, située sur une colline proche de la Nyabarongo, comme partout ailleurs dans le pays, la population avait été entraînée à tuer les Tutsi et il était impossible d'échapper aux tueurs. Ici, à Nyange il y avait une paroisse et chacun connaît l'influence de l'Église catholique. Par le passé, personne n'avait été tué en cherchant refuge dans une église. Mais en 1994, tout a basculé[1]. À la paroisse de Nyange affluèrent beaucoup de Tutsi venus des différentes collines de la préfecture de Kibuye. Ils avaient réussi à échapper à la barrière située sur le pont. Ils sont entrés dans l'église et ils ont fermé la porte derrière eux, pensant que personne n'oserait entrer pour les tuer. Pourtant c'est là que le prêtre catholique en charge de l'église, Seromba Athanase[2], a commis un acte auquel personne ne s'attendait. Le 16 avril, alors que deux mille Tutsi se trouvaient là depuis près d'une semaine, il a ordonné la destruction de l'église. Il a fait venir un bulldozer qui l'a démolie intégralement. Tous ceux qui étaient à l'intérieur ont été ensevelis sous les décombres.

En août 2007, j'ai pris une photo des ruines de cette église. Pas une pierre ne tenait debout, pas une brique ne restait posée sur une autre. Ici, un prêtre a tué ses fidèles. Des enfants, des parents, de jeunes garçons et des jeunes filles... Le peuple de Dieu a péri dans la maison de Dieu.

Le carnage dans la préfecture de Kibuye a été atroce, y compris après l'arrivée des troupes françaises dans la zone déclarée « humanitairement sûre[3] » dans le cadre de l'opération Turquoise. Si la mission des militaires

1 Lors du génocide, les églises ont été le deuxième lieu de massacres (11,6 % des victimes), après les collines (59,3 % des victimes).

2 Seromba Athanase a été jugé par le Tribunal pénal international pour le Rwanda (TPIR). Voir l'acte d'accusation, ICTR-01-66-T (2001). Il a été reconnu coupable de génocide et de crimes contre l'humanité (extermination) et condamné à la prison à vie par la chambre d'appel le 12 mars 2008. Il a été transféré au Bénin pour purger sa peine.

3 Cette zone occupée par l'armée française s'étendait sur presque toute l'actuelle province de l'Ouest. L'opération Turquoise a duré du 22 juin au 21 août 1994.

était officiellement de « sécuriser » les populations, elle a surtout permis d'exfiltrer les génocidaires vers le Zaïre. Les Tutsi qui avaient survécu jusqu'alors ont été exterminés sous les yeux des soldats français. C'est ce qui s'est passé à Bisesero[4].

Quand je me suis rendu à Kibuye, au bord du lac Kivu, je me suis arrêté pour parler avec la population locale, non loin du rocher de Ndaba, qui surplombe la rivière de près de cent mètres de haut et d'où s'écoulent des chutes vertigineuses. Les gens m'ont dit comment on attrapait les Tutsi, comment on attachait une lourde pierre à leur cou avant de les pousser depuis cette falaise aux roches acérées. Tous étaient déjà morts avant d'arriver en bas et la pierre pulvérisait leur tête. C'était la saison des pluies et la rivière en contre-bas était en crue, agitée.

Le lac Kivu a beaucoup d'îles. Gasongo qui habitait dans l'ancienne commune de Gitesi, fait partie des Tutsi qui ont tenté de s'échapper à la nage. Quand les miliciens ont voulu le tuer, il a couru et s'est jeté dans le lac. Il a nagé durant six heures jusqu'au Zaïre où il s'est réfugié. C'est une très longue distance et on peine à croire qu'il ait pu réaliser pareil exploit. Certains ont tenté la traversée dans des bateaux, mais beaucoup ont été tués en cours de route et jetés dans le lac.

Un jeune homme, Rurangirwa Éric, habitait la région située entre les anciennes préfectures de Gisenyi et de Kibuye, là où se trouve la crête Congo-Nil.

Cette région montagneuse a connu les prémices du massacre systématique de Tutsi. Quand la guerre a éclaté en 1990, Habyarimana a visité ses troupes sur le front du Mutara. Il a constaté que le FPR occupait une partie de la région. À son retour, il a déversé toute sa haine sur les Tutsi de la préfecture de Gisenyi dont il était originaire.

---

4 Les collines de Bisesero sont un haut-lieu de la résistance des Tutsi. Les éleveurs Abasesero y avaient vaillamment combattu lors des précédents massacres en 1959, en 1962 et en 1973. En 1994, d'avril à juin, cinquante mille Tutsi, hommes, femmes et enfants ont résisté. Fin juin, ils étaient épuisés et avaient perdu la plupart des leurs. Il ne restait plus que deux mille personnes. Le 26 juin, sont passés quatre véhicules militaires de l'armée française de l'opération Turquoise. Malgré la présence d'*Interahamwe* aux côtés des militaires, les Tutsi sont sortis de leurs cachettes et les ont appelés au secours. Les soldats ont promis de revenir. Ils reviendront le 30 juin. Ce sera trois jours plus tard, trois jours trop tard. Mille Tutsi ont été massacrés entre le 26 et le 30 juin 1994. Voir de Saint-Exupéry, Patrick, *L'inavouable*, Paris, Les arènes, 2004.

En 1992-1993, les Tutsi des communes de Kibilira et de Satinski, ainsi que les familles Bagogwe[5], ont été exterminés. Les survivants se sont réfugiés dans la forêt froide et humide de Gishwati au Rwanda et au Zaïre voisin.

En 1994, Rurangirwa Éric et sa famille ont été jetés dans le lac Kivu. Il était avec sa sœur handicapée qui marchait avec des béquilles. Quand ils ont été jetés à l'eau, Éric a essayé de nager. Il m'a dit qu'il était sûr qu'il ne mourrait pas. Mais sa sœur est morte, il en a été convaincu quand il a vu ses béquilles flotter à la surface de l'eau. Il m'a dit que dans la région où ils vivaient à Kinunu, dans le district de Kayove, les tueurs hutu avaient une spécialité. Pour tuer les Tutsi, ils utilisaient des massues avec des clous recourbés qui arrachaient la chair. Ces massues portaient le nom d'*Umushambyo*[6]. Éric a nagé et il a passé quelques jours sur une île, nu. C'était une humiliation sans nom pour lui, l'enseignant de l'école primaire, de se retrouver ainsi complètement dévêtu. Il est le seul survivant parmi les Tutsi qui ont été jetés en même temps que lui dans le lac Kivu.

5 Le clan des Bagogwe était composé d'éleveurs tutsi dans la région de Bigogwe, au nord-ouest du Rwanda. Ils ont été systématiquement massacrés dès 1991. Voir Mukayiranga, Spéciose, « Pourquoi tant de haine », *Cahiers de mémoire, Kigali, 2019*, Paris, Classiques Garnier, 2019, p. 31-33.

6 La massue ou le gourdin (*ubuhiri*) était un outil de chasse et de protection. Beaucoup d'hommes en possédaient un pour défendre leur famille. Utilisé pour exterminer les Tutsi lors du génocide, ce terme a été remplacé par *nta mpongano y'umwanzi*, « Nulle pitié pour l'ennemi ». On l'appelait aussi *umushambyo*, quand la massue était recouverte de clous recourbés pour arracher la chair.

EN OUGANDA, À GGOLO, THOBANI MOHAMOUD

Thobani Mohamoud est d'une bonté éblouissante. Et plus encore. C'est un héros. Il a pris l'initiative de rendre hommage à l'être humain. Il m'a dit : « Sur terre tout le monde a droit à la dignité quand il meurt. Comment oserais-je mépriser un corps alors que je suis conscient que Dieu a préparé une place paisible pour chacun de nous ? » Homme d'affaires, il a consacré sa fortune à faire tout ce qu'il pouvait. Dans le cimetière, il a planté de beaux arbres qu'il a fait venir des Bahamas et d'Inde. Quand les gens ont été fatigués après avoir repêché quatre cents corps, il leur a donné trois mille shillings par corps et ils ont repêché neuf cent cinquante-cinq corps qu'ils ont enterrés. Il a fait tout de son plein gré, comme s'il s'agissait de ses propres enfants : « Je ne suis pas le seul à posséder des terres près du lac Victoria, mais l'eau a amené ces corps jusqu'à ma maison. Ce sont les enfants que Dieu m'a donnés. » De mai à novembre 1994, quand le dernier corps a été inhumé, il a payé les gardiens, les jardiniers et ceux qui se sont occupés de ce lieu devenu mémorial. Il était horrifié par les blessures liées aux tortures vues sur les différents corps. Il ne peut oublier les cinq femmes qui sont arrivées là, ligotées ensemble, ni les huit enfants enfermés dans un même sac. Le 3 novembre, le dernier corps a été enterré. Chaque année une messe est célébrée ce jour-là en mémoire des morts noyés. Il m'a parlé de son intention de construire une église et une mosquée sur cet emplacement et j'ai compris que pour lui comme pour ses employés la prière occupe une place primordiale. Après sa visite au Rwanda en avril 2007, Thobani a réaménagé le site de Ggolo et il m'a dit qu'il souhaitait restaurer les sites abandonnés dans les forêts. Chaque fois qu'il passe par là, il entend ceux qui n'ont pas eu droit à un enterrement décent lui demander : « Pourquoi nous as-tu oubliés ? » Il pense que chaque individu mérite d'être enterré en dignité et qu'aucun ne doit être abandonné et livré aux charognards. Quand vous parlez avec lui, vous pensez qu'il devrait enseigner sa sagesse. Il mérite d'être un modèle pour tous et je suis heureux d'avoir pu parler avec lui et puiser dans la fontaine de sa bienveillance. Le monde a besoin d'êtres humains comme Thobani. Il est parmi les rares individus qui se soucient vraiment des créatures de Dieu. Toujours je me souviendrai de lui dans mes prières pour que Dieu lui accorde ses bénédictions à jamais.

Je remercie tous ceux qui se sont chargés de repêcher les corps et tout particulièrement Mutagombya Charles, Ougandais, qui a coordonné la construction du site de Ggolo et a assuré l'enterrement en dignité des nôtres ; Nabwami Sophie, une femme courageuse, responsable des pêcheurs, qui fut la première à retirer un corps du lac Victoria ; Gyavira Mutayoba, un des gardiens du mémorial.

En 2007, lors de la treizième commémoration du génocide des Tutsi, Thobani est venu au Rwanda et il lui a été rendu hommage. Il a visité les sites mémoriaux de Gisozi et de Murambi et il s'est rendu sur le pont situé entre Ruriba et Runda où les Tutsi ont été jetés dans la Nyabarongo. Son plus grand souhait était de rencontrer les rescapés des tueries et des noyades. Il avait vu tellement de morts couverts de blessures atroces qu'il lui était difficile de croire que certains avaient survécu et il voulait comprendre comment ils y étaient parvenus. Aux Tutsi du Rwanda, il voulait dire qu'il avait fait tout son possible pour que les corps repêchés dans le lac Victoria reposent en dignité. Les rescapés l'ont remercié pour sa bonté. Il a parlé avec Mukamitali Marie Claire, ma mère, qui en 1973 a passé plus de neuf heures dans la rivière à lutter entre la vie et la mort. Il a salué Mukantwali Mélanie qui fut jetée à l'eau en 1994 avec ses enfants, mais qui a réussi à survivre en s'accrochant aux herbes bien que l'enfant qu'elle portait au dos soit mort.

À KASENSERO, KATONGOLE VEREDIYANO

À Kasensero, là où la rivière Akagera se jette dans le lac Victoria, reposent un nombre impressionnant de corps repêchés dans le lac. C'est ici qu'ils ont échoué en premier lieu. Là, on est frappé par ce site imposant : treize longues tombes sur la plateforme du bas et quatre sur la plateforme supérieure. Les pêcheurs ougandais ont travaillé jour et nuit sans être payés. Ils ont reçu l'aide d'organisations internationales pour le transport et l'enterrement des corps qui étaient si nombreux et en très mauvais état. Tous ont témoigné en disant que les corps présentaient des signes de torture. Ils ont vu des femmes qui avaient des pieux enfoncés dans le vagin, des hommes dont on avait coupé le pénis, des enfants dans des sacs, des gens enchaînés, des corps nus, des têtes broyées et des victimes couvertes de blessures inimaginables.

Des morceaux de bois avec de petites banderoles rouges séparaient les tombes. Ils avaient été installés par un vieil homme qui s'appelle Katongole Verediyano. En juillet 2007, il avait soixante-huit ans.

Il pleuvait. Nous l'avons rencontré chez lui non loin du cimetière. Grâce à lui, ce site reste visible. Malgré son âge, il est courageux et il a accompli un rude travail depuis août 1994. Les hommes avec un si grand cœur sont rares. Pendant treize ans il a fait ce travail sans jamais se plaindre ni réclamer quoi que ce soit. Il a été surpris de notre visite. Trois délégations avaient visité les lieux avant nous. Elles étaient reparties sans l'aider ni lui promettre que les corps seraient un jour enterrés en dignité. Nous lui avons dit que nous ferions tout ce que nous pourrions pour transformer ce site en un grand mémorial.

Jamais Katongole ne se plaint, il dit qu'il sera récompensé par ceux qui reposent là, quand il les rejoindra. Il ne comprend pas comment les gens peuvent négliger ce site. Il vit dans une petite maison et en dépit de son âge il se porte bien. Il m'a dit : « S'occuper de cet endroit est une motivation pour continuer à vivre, mais je me demande si quelqu'un prendra ma place quand je serai mort. »

Beaucoup de personnes sont enterrées sur ce site. Katongole a dit qu'ils ont enterré près de six mille corps sans les compter, jusqu'à l'arrivée des volontaires étrangers. Sur leurs conseils, ils ont commencé à compter deux mille huit cent vingt-sept corps, dont le nombre est gravé sur la pierre tombale. Il serait plus juste d'estimer leur nombre à huit mille corps.

Avant de les enterrer, il a fallu les repêcher dans le lac, puis les charger dans des camions et les emmener là où ils seraient enterrés. Les pêcheurs ougandais et la population locale se sont rassemblés pour accomplir cette mission. J'ai rencontré quelques-uns d'entre eux. Jusqu'à aujourd'hui ils ne comprennent pas comment huit mille personnes ont pu être tuées en si peu de temps. Ils ont repêché des corps durant trois mois, ils les ont ensevelis dans une fosse et quand elle a été remplie, ils en ont creusé une autre en raison du grand nombre de victimes retrouvées dans le lac. Fin juin c'est la période où il y en a eu le plus. Katongole ne se souvient pas précisément combien il en a repêchées. En revanche il se rappelle que ceux qui faisaient ce travail ont commencé à tomber malades. Les Blancs sont alors venus avec des produits qu'ils ont versés sur les corps.

Katongole a fait preuve de force, d'amour, de patience, d'espoir et d'un humanisme sans précédent. Il est un modèle, un chemin, une lumière, une étoile pour guider les plus jeunes dans la vie.

À LAMBU

En 2006, Humura, une association de survivants du génocide, a visité la région et s'est arrêtée à Lambu[1]. Une messe était célébrée en mémoire de nos proches jetés dans les rivières du Rwanda. J'étais parmi eux.

L'année suivante, j'y suis retourné. On ne reconnaissait plus rien, à l'exception de l'inscription du nombre de ceux qui y sont enterrés. Au regard de ce que ce site représente pour l'histoire du génocide, il mériterait d'être nettoyé et entretenu. Sinon tout risque de disparaître, malgré les mille sept cent dix-huit personnes enterrées ici qui, une par une, ont été une perte terrible pour leur famille.

Ntesibe Charles, une autorité locale de Lambu, a demandé aux pêcheurs d'enterrer les corps et il a appelé les organismes internationaux et le gouvernement ougandais à intervenir. Parmi les corps il y avait des enfants en uniforme scolaire. D'autres corps portaient des signes témoignant de longues journées passées dans des cachettes ; ils avaient été blessés et soignés, mais finalement retrouvés et achevés par les génocidaires. À Lambu, comme ailleurs, on a trouvé des femmes avec des morceaux de bois enfoncés dans leur vagin, on a vu des hommes et des femmes nus attachés ensemble et bien d'autres horreurs. Le chiffre de mille sept cent dix-huit morts est celui des corps qui sont arrivés dans leur intégralité. Ils sont enterrés dans neuf tombes qui forment un cercle. Au centre sont enterrés les restes de corps : des mains, des jambes, des têtes. Ils n'ont pas été comptés.

---

1 Aujourd'hui, en Ouganda, Ggolo, Kasensero et Lambu sont les trois seuls sites mémoriaux, où les corps des six sites d'origine ont été regroupés et réinhumés. Lambu abrite les corps de plus de trois mille victimes. Lors d'une cérémonie de mémoire, en avril 2019, le Haut-Commissaire du Rwanda en Ouganda, Mugambage Franck, a déclaré : « Notre intention est de faire en sorte qu'il y ait plus de documentation sur les sites du génocide en Ouganda, afin que nous gardions le souvenir de ce qui s'est passé. », *New Times*, Rwanda, 15 avril 2019.

À MALEMBO

Arrivé à Malembo, en 2007, j'ai été submergé par la tristesse et je n'ai pu contenir ma peine. Je me suis éloigné et j'ai prié Dieu. Malembo se trouve près d'une petite forêt. L'état d'abandon dans lequel se trouvait le site m'a attristé au-delà de tout. En 1994, les pêcheurs avaient ramené les corps et les avaient jetés dans une fosse. Il n'y avait personne alentour à qui ils pouvaient demander ce qui s'était passé. Après leur long périple au fil des rivières, les morts n'avaient pas encore eu droit à une inhumation digne de ce nom.

Quand il a appris que des corps repêchés dans le lac Victoria se trouvaient là, Karabaranga Jean Pierre, Secrétaire d'État au ministère de la Jeunesse, des Sports et de la Culture, en charge des sites mémoriaux au Rwanda, a aussitôt planifié une visite. Trois jours avant nous, il s'est rendu sur place, accompagné d'une délégation de cinq personnes pour voir comment organiser la sauvegarde des sites mémoriaux en Ouganda. Ils ont nettoyé les tombes et les alentours du mieux possible et c'est ainsi que nous avons pu découvrir l'emplacement.

Une inscription indique le nombre de personnes enterrées là : « En mémoire des victimes des "conflits rwandais", mille six cent soixante-neuf personnes ont été enterrées ici, en août 1994. Qu'ils reposent en paix éternellement. » Rien ne renseigne sur l'histoire de ces victimes, sauf si on apprend ce que disent les pêcheurs en d'autres lieux.

Après avoir pris des photos, affligés, nous sommes repartis en silence. Tout le monde se demandait s'il existe encore quelqu'un en ce monde qui se soucie de l'être humain. C'est une honte de voir dans cet état un site où reposent mille six cent soixante-neuf corps ! Je suis stupéfait quand j'entends certains dire qu'il n'y a pas eu de génocide ! Que pensent ceux qui avaient le pouvoir de l'arrêter mais qui n'ont rien fait, quand ils voient les photos de ces sites ?

À NAMIREMBE, GERALD SELEMBA

Comme en d'autres lieux, quand tu arrives à Namirembe, tu trouves une forêt et un espace agricole, où la population locale vient cultiver les champs avant de rentrer chez elle. Dans des tombes reposent les victimes innocentes jetées dans les rivières, dont les corps ont fait tout ce voyage avant d'arriver au lac Victoria.

Les gens ont vu pour la première fois des corps flotter sur le lac en juin 1994 et le dernier corps est parvenu là en août. Chaque jour arrivaient à la surface du lac des corps d'enfants, de femmes qui portaient leur bébé au dos et d'adultes, mais la plupart étaient ceux de jeunes hommes. C'est ce que nous a dit l'un des pêcheurs.

Gerald Selemba est parmi ceux qui ont travaillé tous les jours pour repêcher les corps. Il m'a dit : « Beaucoup l'ont fait parce que les autorités le leur ont demandé ; moi, je l'ai fait de mon plein gré. » Il s'occupe du site depuis 1994, sans être payé. Il nettoie la brousse pour que l'endroit reste visible. Il se met à la place de ceux qui sont enterrés là : « Si j'étais l'un de ceux qui reposent ici, y aurait-il quelqu'un pour s'occuper de ma tombe ? » Il nous a dit : « C'est dur de faire ce travail seul, mais j'habite dans les environs et l'entretien du site fait partie de mes tâches et préoccupations quotidiennes. » Il explique que les corps étaient ligotés, certains avaient été attachés à des arbres et d'autres étaient mutilés ou décapités.

Quand vous parlez avec ceux qui ont repêché les corps dans le lac Victoria, à Ggolo, à Kasensero, à Lambu, à Malembo, à Namirembe ou à Ddimo, vous mesurez combien les tueurs ont été systématiquement endoctrinés durant des années au Rwanda pour massacrer de la sorte les Tutsi. Dans chacun des sites, les pêcheurs disent qu'ils ont vu des corps de tous âges présenter des signes irréfutables de tortures.

À Namirembe, vous voyez les tombes et vous sentez une douleur qui s'infiltre en profondeur jusque dans votre cœur. J'ai en mémoire une photo prise en juillet 2007. Elle montre que nos disparus ont été laissés à la merci des sorciers ougandais qui exhumaient les corps et utilisaient leurs ossements pour des actes de sorcellerie. C'est ce que Selemba nous a expliqué et nous l'avons constaté.

Le nombre de personnes enterrées à Namirembe est de mille six cent dix-huit, mais seuls ont été décomptés les corps qui étaient entiers. Comme à Lambu, les parties de corps n'ont pas été comptées.

À DDIMO, ABDOUL MALIK JJUKO

Ddimo est un village situé sur le lac Victoria, où les habitants vivent de leur pêche. Ils la vendent à des commerçants qui expédient les poissons dans différentes régions du monde. En arrivant, la première chose qu'on remarque, ce sont les tumulus, de simples tertres de terre, perdus au milieu des arbres et de la brousse. Des corps y reposent. Une pierre indique le nombre des victimes enterrées. L'inscription est à peine visible et elle mentionne comme sur les autres sites l'expression « conflits rwandais ».

Au milieu du mois de mai 1994, les pêcheurs ont commencé à voir des corps flotter sur le lac, mais ils ne savaient pas d'où ils venaient. Ils ont d'abord vu le cadavre d'un enfant et ils ont pensé qu'il s'était noyé. Plus tard ils ont vu tant de corps qu'ils en ont conclu à un terrible accident survenu sur le lac. Ils ont enterré les corps sur la côte, ignorant que d'autres suivraient. Ils m'ont dit qu'un jour ils avaient vu sept cents corps. D'autres jours ils en voyaient dix ou parfois un seul durant deux ou trois jours. Ils ont essayé de s'informer pour savoir d'où venaient ces corps mais ils n'ont pas réussi à en savoir plus. Perplexes, ils ont exhumé ceux qui avaient été enterrés sur la côte, les autorités locales les ont aidés. Ils ont mis les corps dans de grands sacs en plastique. Au cours des jours et semaines suivantes, d'autres corps sont arrivés. Pendant deux mois et demi ils les ont repêchés, puis ils ont emmené tous les corps dans la forêt, à environ un kilomètre. Ils ont creusé de larges fosses et y ont jeté les corps auparavant aspergés de produits pour éviter la contamination. Tous ont été enterrés en même temps en août 1994. Durant tout ce temps, l'activité de la pêche a été suspendue et toute la population a été mobilisée pour retirer les corps de l'eau.

Les pêcheurs décrivent l'aspect des corps : beaucoup étaient devenus blancs, d'autres étaient décapités, d'autres étaient des corps sans membres, sans mains ni jambes. Tous présentaient des signes de torture. Ils avaient été coupés à la machette ou à la hache avant d'être jetés dans la rivière.

Je suis arrivé à Ddimo en juillet 2007. Treize ans après que les Tutsi aient été tués et jetés dans les rivières, les pêcheurs vivant dans cette région ignoraient toujours que le génocide des Tutsi avait eu lieu. Ils ne comprenaient pas ce qu'évoquait l'expression « conflits rwandais ». Ils ont dit que des volontaires d'ONG avaient écrit ce terme, eux n'avaient pas la moindre idée de ce qui s'était passé.

Abdoul Malik Jjuko fait partie des pêcheurs qui ont retiré ces deux mille cent quarante-neuf corps de l'eau. Il m'a dit qu'aucun d'eux n'oubliera jamais le jour où ils ont repêché une femme enceinte de jumeaux. La tête des enfants était visible et le corps de la mère était entièrement couvert de blessures faites à la machette. Tout le village a pleuré cette femme durant toute la journée et aucun travail n'a été accompli ce jour-là. Ddimo est le deuxième site le plus important en Ouganda où on a trouvé des corps noyés dans le lac.

Tel était en 2007, le triste état des sites mémoriaux que j'ai visités en Ouganda. Ils méritaient d'être restaurés pour leur conférer toute la dignité qui leur revient. Tous ceux qui y reposent étaient chers à leurs familles et rien ne saurait être comparé à la douleur liée à la disparition d'un être aimé. Nous les vivants, nous avons la responsabilité de guérir les blessures.

Les témoignages collectés à propos de ceux qui ont péri tragiquement dans les flots des lacs et des rivières concernent la vie de nos semblables. Je ne cesse d'entendre la voix des disparus qui appellent au secours ! Leurs cris résonnent sur les rives du lac Victoria et dans les forêts ougandaises.

Je prie les habitants de la planète de faire en sorte que le monde soit protégé contre les génocides par des discours mais aussi par des actions tangibles et concrètes. Je m'adresse à tous, personne n'aime souffrir ni vivre dans la misère. Travaillons ensemble pour la paix et la vie !

Honte à ceux qui n'ont pas réagi pendant le génocide et qui continuent de garder le silence. Il ne leur reste qu'à s'asseoir et à méditer sur le mot « justice ».

LES SITES MÉMORIAUX SAUVÉS DE L'OUBLI

En 2009, lors de la quinzième commémoration du génocide des Tutsi, les députés rwandais ont appelé à offrir une sépulture digne aux onze mille[1] victimes dont les corps avaient échoué sur les rives du lac Victoria. Une mission parlementaire s'était rendue sur place le mois précédent et elle avait visité les six sites où les corps avaient été ensevelis. À l'exception de Ggolo, les autres lieux étaient pratiquement à l'abandon et parfois profanés. Les parlementaires ont demandé que les corps soient exhumés et réinhumés sur trois sites : à Ggolo, Lambu et Kasensero. Ils ont demandé que soit modifiée l'inscription « conflits rwandais » par celle de « génocide des Tutsi ».

En juin 2010 a eu lieu la dernière des trois cérémonies de réinhumation des victimes.

En 2012, Karengera Ildephonse, de l'unité chargée des sites mémoriaux au sein de la Commission nationale de lutte contre le génocide (CNLG), a annoncé la construction des trois mémoriaux en Ouganda.

En avril 2016, à Ggolo, la première pierre d'un futur musée du génocide a été posée par les représentants du Rwanda, de l'Ouganda et par Mohamoud Thobani, qui depuis 1994 a œuvré à la préservation des corps. Ce musée du génocide est le premier à avoir été construit en Ouganda et le premier hors du Rwanda. « Nous estimons que la lutte contre le négationnisme consiste à donner une place décente à nos

1 En 2007, le macabre décompte était de dix-sept mille quatre cent quatre corps. Deux mille huit cent vingt-sept corps à Kasensero, auxquels s'ajoutent six mille corps repêchés au début sans être comptés. Mille sept cent dix-huit à Lambu. Mille six cent soixante-neuf à Malembo. Mille six cent dix-huit à Namirembe. Deux mille cent quarante-neuf à Ddimo. Neuf cent cinquante-cinq corps à Ggolo. Soixante-huit corps sur l'île de Kalangala. Auxquels s'ajoutent les corps dont on n'a retrouvé que des membres ou des parties de corps. Après les réinhumations sur les trois seuls sites de Ggolo, Lambu et Kasensero, le recensement effectué en Ouganda par une commission parlementaire rwandaise donne le chiffre de près de onze mille corps. Voir *Hirondelle News*, 24 mars 2009.

bien-aimés qui ont péri », a déclaré la représentante du département de la paix et de la sécurité de l'Union africaine[2].

En avril 2018, une cérémonie a eu lieu au mémorial de Kasensero, en présence de Mugambage Frank, Haut-Commissaire du Rwanda en Ouganda. Deux mille huit cent soixante-quinze corps y sont enterrés. Un rescapé a expliqué venir là chaque année. Les membres de sa famille ont péri dans les flots des rivières et il n'a jamais vu ni retrouvé leurs corps. Il a dit : « Quand je viens ici pour me souvenir, je les imagine, je pense à eux et quand je repars, je suis heureux[3]. »

En avril 2019, une cérémonie a eu lieu au mémorial de Lambu qui abrite aujourd'hui plus de trois mille victimes. Le Haut-Commissaire du Rwanda souhaite que les mémoriaux en Ouganda gardent le souvenir de ce qui s'est passé[4].

En 2019, s'est tenu au Sénégal une cérémonie en mémoire des Tutsi jetés dans les lacs et rivières, dont les corps sont parvenus jusqu'au lac Victoria.

2 *New Times*, Rwanda, 10 avril 2016.
3 RFI, 21 avril 2018.
4 *New Times*, Rwanda, 15 avril 2019.

TROISIÈME PARTIE

EFFACEMENT ET TRACES

LA VIE RACCOURCIE

Ce ne sont pas des cadavres anonymes qui se sont noyés accidentellement, sans raison. Ce sont des êtres humains qui avaient un nom, un prénom, un visage. Ils étaient tutsi. Ils ont été jetés dans les rivières après avoir été torturés. Au-delà du simple décompte des cadavres, nous avons le devoir d'écrire leur supplice.

Je me souviens de la mise à mort des Tutsi par noyade dans les rivières et les lacs du Rwanda, je me souviens que certains ont été noyés alors qu'ils étaient encore en vie. Ils ont été jetés à l'eau couverts de blessures, sans le moindre espoir de s'en sortir. D'autres ont été lancés dans des cours d'eau infestés de crocodiles. Des femmes ont été jetées avec l'enfant qu'elles portaient au dos. Et souvent les membres d'une même famille ont été noyés tous en même temps. Les rivières et les lacs sont devenus des cimetières.

Dans tout le pays les cadavres jonchaient le sol. Ils étaient ramassés dans les rues, les ruelles, sur les sentiers et les collines, après être restés à la merci des chiens errants et des rapaces. Puis ils étaient jetés à l'eau. Ce sont des humains, ce ne sont pas des chiffres[1].

Avant d'être noyés, les Tutsi ont subi une torture morale et physique, qui leur faisait perdre toute capacité de résistance. Ils étaient frappés à coups de machette ou de gourdin. Suppliciée, la victime demandait pardon. Elle appelait désespérément au secours, elle criait, elle pleurait toutes les larmes de son corps.

« Le raccourci » n'était pas une simple noyade. Avant d'être noyées, les femmes tutsi étaient battues et déshabillées en public. Puis les miliciens *Interahamwe*, les militaires, les tueurs hutu se les partageaient comme on se partage le butin d'une chasse. Ils les violaient à tour de

---

1 « Cent jours pour huit cent mille à un million de morts. Ces chiffres ne nous disent rien de la cruauté de l'exécution de ce génocide. Ils la masquent plutôt, l'enferment dans la généralité et cachent ce que chaque génocidaire a vécu, ce que chaque supplicié a subi. », Godard, Marie-Odile, *op. cit.*, p. 66.

rôle, bestialement, avec la volonté de leur faire le plus de mal possible avant la mort. Quand la femme était à bout de forces, son sexe en lambeaux, quand plus aucun tueur ne désirait abuser d'elle, ils la tuaient et l'abandonnaient à l'agonie, parmi ses frères et sœurs qui avaient subi le même sort ou ils la noyaient.

Après le viol, venait la mise à mort. Munis d'outils rudimentaires, – gourdins, petites houes, massues –, les *Interahamwe* assoiffés de sang massacraient les victimes pour les achever. Ils s'assuraient que personne ne survivrait. Ils frappaient tellement fort qu'on aurait dit qu'ils cassaient des pierres, alors qu'ils fracassaient des têtes, des côtes et des articulations[2]. Si elles ne mouraient pas sur le coup, les victimes étaient livrées à des souffrances que seule la mort venait soulager.

Durant le génocide, on profitait de la nuit pour se déplacer vers des lieux qu'on croyait sûrs. La peur au ventre, préférant les sentiers détournés aux routes fréquentées, on enjambait le corps des victimes. Parfois le sang coulait encore de leurs blessures, elles agonisaient, leurs corps étaient encore chauds. Elles venaient d'être assassinées. Leurs corps étaient atrocement mutilés. Je n'ai pas de mots pour décrire l'inhumanité des tueurs et les marques de tortures que j'ai vues sur les morts abandonnés le long des routes.

On ne saurait évoquer le génocide des Tutsi sans décrire en détail le mode opératoire des tueurs[3]. Depuis la nuit des temps, l'humain a fait preuve d'inventivité en ce domaine, mais force est de reconnaître

---

2 « En 1963, tout a empiré. J'avais douze ans. Les tueries plus sauvages et plus féroces qu'auparavant se sont généralisées. J'ai vu une personne en abattre une autre à coups de machette, comme si elle coupait un tronc de bananier. Les Tutsi étaient recherchés, persécutés et tués. Nous avons fui vers les écoles et nous avons cherché refuge dans les églises. Je me souviens que notre voisin, Mpetamacumu Elias, a été tué et coupé en morceaux comme on débite un tronc d'arbre, en laissant les tronçons dévaler la pente jusqu'à la route. », Nyarwaya, François, « Le vol de mon enfance », *Cahiers de mémoire, Kigali, 2019*, Paris, Classiques Garnier, 2019, p. 156. « À l'entrée de la maison de Dieu, nous avons trouvé un homme occupé à décapiter des Tutsi comme on fauche la brousse aux abords d'un marais. », Mukansigaye, Irène, « La cruauté inouïe des *Interahamwe* », *ibid.*, p. 226.

3 « Il faut savoir comment on a tué ; j'ai appris que R. avait été enterré vivant, c'est un sort qu'on a fait subir à beaucoup d'autres Tutsi. Si on ne vise pas cette description, on s'interdira de comprendre… Globalement il faut décrire finement les idéologies, le comportement des acteurs, poser des questions de la prévisibilité du génocide. Mais l'horreur ? La cruauté ? Comment est-ce possible ? » Kagabo, José, « Après le génocide : notes de voyage », *Les Temps modernes*, n° 583, juillet-août 1995, p. 122. Cité par Godard, Marie-Odile, *op. cit.*, p. 69.

que le processus d'extermination des Tutsi a connu ses propres caractéristiques et a été conduit avec une extrême cruauté en un temps record. De simples outils sont devenus des instruments de torture et des armes d'élimination rapide. Des centaines de milliers de familles ont été décimées par des outils qu'elles avaient l'habitude d'utiliser pour leurs activités quotidiennes. Les houes et les machettes ont traumatisé à jamais un nombre impressionnant de personnes. Comment expliquer l'impensable cruauté des bourreaux, comment concevoir qu'un humain s'en prenne à son voisin, le torture et le découpe à l'aide de ces outils si familiers ?

La noyade fut l'arme fatale et le moyen d'effacer toutes traces de l'extermination, ce fut également un moyen rapide et efficace pour se débarrasser des corps. Un nombre incalculable d'entre eux ont été jetés dans les affluents de la Nyabarongo et dans les lacs, qui sont devenus des tombeaux pour des victimes anonymes dont nous ne connaîtrons jamais la dernière demeure.

Pour les victimes qui survivaient tout au long du parcours jusqu'à la rivière, la torture ne cessait à aucun moment. Elles étaient battues, mutilées jusqu'à atteindre un état d'épuisement total. Les plus petits trajets leur semblaient interminables, en raison des souffrances toujours plus intenses qui leur étaient infligées.

L'UNE DES PIRES TORTURES

Les viols collectifs étaient commis en public. Les miliciens s'en prenaient brutalement à chaque victime, à tour de rôle. De là où nous étions, cachés dans les brousses ou les marais, nous entendions les nôtres hurler de douleur. Leurs corps étaient déchirés et souillés avant d'être tués. En notre for intérieur, nous mourions nous aussi, petit à petit. Ceux qui criaient étaient nos parents, nos amis, nos connaissances. À bout de douleur, ils nous appelaient au secours. Morts de peur, nous reconnaissions les voix, les noms. Pour torturer davantage encore les victimes, les *Interahamwe* leur ordonnaient d'appeler leurs proches, non sans leur avoir fait savoir auparavant qu'aucun ne viendrait, puisque tous avaient déjà été tués. Ils citaient avec arrogance les noms, le lieu et le jour de leur mort. Depuis nos cachettes, nous devinions qui étaient les victimes et qui étaient leurs assassins.

Pour les filles et les femmes, le viol était quasi systématique avant leur assassinat[4]. Certaines étaient pratiquement mortes avant d'être noyées. Humiliées, déshumanisées, elles avaient perdu le goût de la vie, préférant mourir plutôt que de rester en vie. La mort était un soulagement. Les tueurs n'avaient pas honte de déshabiller une maman âgée devant ses enfants. Certaines ont été abusées par des jeunes qui avaient été jadis leurs élèves. Mettre à nu une maîtresse d'école en public était en soi une torture inconcevable, une mise à mort programmée. S'en suivait le viol, puis l'assassinat. Les corps profanés gisant sur le flanc des collines, nus et dépouillés, étaient ramassés par des camions et jetés pour ne pas incommoder les tueurs par leur odeur et leur présence. La plupart étaient déversés dans les rivières.

Quand on parle du nombre[5] de noyés, on ne saurait avancer le moindre chiffre pour parler de tous ceux qui ont été charriés par les cours d'eau. Je parle de victimes innocentes et de leur mort atroce. Sauvagement tuées, juste parce que Tutsi.

Pourtant chaque assassinat est singulier et concerne chaque victime, une par une. Si toutes ont connu la mort, nous avons le devoir de relater chaque mort individuelle, ainsi que les atrocités subies pendant l'assassinat. Nous avons le devoir de ne pas oublier celles qui ont été noyées et ont disparu à jamais avec leurs souffrances et leurs douleurs indicibles. Toutes ont été torturées, massacrées et jetées intentionnellement là où jamais elles ne connaîtraient le repos de la dernière demeure à laquelle aspire tout être humain.

On ne peut parler des viols et oublier la déshumanisation totale que la mort signait. Les femmes tutsi étaient abandonnées nues, étendues sur le dos, sur les routes et les collines. Les génocidaires tenaient à exhiber leur forfait et à démontrer que la vie des victimes n'avait aucune valeur. Un tueur qui te met à nu et te jette morte ou agonisante ne te laisse *rien*. Certains *Interahamwe* ou des militaires avaient parfois convoité autrefois une femme tutsi sans succès. Le génocide leur donnait l'occasion de

---

4 Voir Ricci, Sandrine, *Avant de tuer les femmes, vous devez les violer !* », Paris, Syllepse, 2019.

5 « Le dénombrement des victimes du génocide effectué par le Ministère de l'Administration, de l'information et des Affaires sociales (rapport final, novembre 2002) évalue à 4,22 % le nombre des victimes noyées, soit environ quarante-cinq mille personnes. », Mugesera, Antoine, « Les noyés du génocide », *Dialogue*, Kigali, n° 190, mars 2010, p. 54.

prendre leur revanche. Ils se sentaient autorisés et appelés à le faire. Ils chantaient que « même Dieu a abandonné les Tutsi ». Ils avaient tous les droits sur nous et les viols étaient si cruels, si redoutables, qu'après on était comme déjà mort. La mort semblait préférable aux souffrances. Les Hutu avaient droit de vie et de mort sur les Tutsi et tous les droits sur leurs corps et leurs biens. Ils abusaient de leur corps sans crainte, avant de les tuer et de les jeter comme des déchets.

La torture morale et physique était au-delà de l'imaginable. Il était impossible pour les victimes d'accepter ce qui leur arrivait. C'est une des pires expériences qui soient. Une des plus dures à réaliser et à comprendre.

Les femmes hutu participaient activement aux massacres, elles dépouillaient les victimes des viols, allant jusqu'à porter leurs vêtements. Se faire déshabiller, maltraiter et même tuer par une femme dont on aurait pu attendre une certaine compassion était un degré supérieur du supplice pour les victimes qui se sentaient davantage encore humiliées et abandonnées par Dieu et par les humains.

En 1994, une femme complètement dénudée en public par une autre femme est devenu banal. Cela semble inimaginable et outrepasse le respect dû à toute femme, à toute mère. Un respect dont elle jouit sans réserve dans la culture rwandaise. Chaque mère mérite le respect ; toutes celles qui ont connu les douleurs de l'accouchement méritent le respect de tous, y compris des personnes plus âgées qu'elles. Mais pendant cette période du génocide au Rwanda, il n'y avait plus ni humanité ni dignité ni honneur. Les tueurs ne pensaient même pas que ces femmes pouvaient avoir des enfants. Il était courant de voir des jeunes violer des femmes qui avaient l'âge de leur propre mère. Le mal était à l'honneur, il n'y avait plus aucun refuge pour les Tutsi. Les cœurs étaient remplis de haine, la cruauté était partout. Le temps s'était arrêté, la mort était omniprésente. La vie d'un Tutsi ne valait rien, son sang devait se répandre partout.

IL PLEUVAIT CES JOURS-LÀ

Les sentiers étaient couverts de cadavres et le sang coulait. Les routes étaient jonchées de corps que l'eau entraînait depuis les collines vers les vallées et les rivières. Le sang coulait partout et les corps qui n'étaient pas emportés pourrissaient sur le flanc des collines. L'honneur d'une mère ne valait plus rien. Je le répète, l'humain ne valait plus rien. Le Tutsi, enfant, adulte ou vieux, ne valait plus rien. Sa vie ne valait pas même celle d'un rat qui peut toujours s'échapper et mettre fin à la poursuite. Pendant le génocide, nous étions pourchassés sans fin partout comme les plus nuisibles des insectes et la mort venait nous chercher jusque dans nos cachettes les plus secrètes et les plus reculées. De loin, on distinguait les cris des tueurs et les appels au secours des victimes. Après avoir tué, les miliciens pillaient et détruisaient les maisons. Ils ne voulaient pas seulement tuer avec leurs armes traditionnelles, ils voulaient effacer toute trace de la vie des victimes. Ils volaient, brûlaient, déchiraient tout. Jusqu'aux photos.

Le génocide des Tutsi visait leur extermination totale. Quand tu apprenais la mort d'un des tiens et le nom de celui qui l'avait tué, tu comprenais que les armes conventionnelles n'avaient pas été les seules à être utilisées. Les assaillants ne se contentaient pas de tirer sur la foule ou de lancer des grenades dans des salles remplies de réfugiés. Après les attaques, ils vérifiaient que leurs victimes étaient bien mortes. Ils les dévisageaient une par une et les survivants étaient achevés sans pitié. Ils pourchassaient ceux qui se cachaient dans les brousses, les bananeraies, les roseaux ou les papyrus. Si on entendait un coup de fusil isolé, on savait qu'un Tutsi venait d'être abattu à bout portant. Les victimes imploraient le pardon des tueurs qui ne le leur accordaient jamais. La mort était partout.

RABAISSER, « RACCOURCIR »

« Le raccourci », ce chemin qui conduit vers la mort, était précédé de tortures morales et d'insultes, qui incitaient la victime à se ressentir comme moins que rien. Un détritus, un déchet, un cancrelat. Parfois elle était sommée de s'asseoir par terre pour être, au sens propre, totalement rabaissée. Elle était « raccourcie ». Pliée de tout son corps, moins grande que n'importe quel être vivant, elle perdait toute dignité. Les bourreaux l'obligeaient à aller et venir en tous sens, lui infligeant sarcasmes, insultes et humiliations. Son corps n'était plus qu'un jouet entre leurs mains. À la longue, la victime acceptait la mort, elle la souhaitait. Cette épreuve, les génocidaires l'appelaient « raccourcir, écourter ».

Les personnes élancées, ils les coupaient en morceaux avec une cruauté féroce. Ce n'était pas une nouveauté. Mon propre grand-père a été tué ainsi en 1973 et les parties de son corps ont été abandonnées sur les rives de la Nyabarongo.

« Raccourcir » les Tutsi était une tactique habituelle de déshumanisation. On les faisait se coucher à terre, ils étaient battus, piétinés, on leur crachait au visage. Avant sa mise à mort, celui qui subissait cela avait perdu tout espoir. Le goût de la vie l'avait quitté quand il avait assisté à la mort des membres de sa famille ou au viol de sa mère, de sa femme, de ses filles ou de ses sœurs. Celui qui essayait de résister à la vision de ces scènes mortelles était froidement abattu ou immobilisé avec des cordes pour l'obliger à y assister de force, avant que ne vienne son tour de les subir. La mort était une délivrance. C'était une autre forme du « raccourci ».

Avant de recevoir le coup fatal asséné par les bourreaux, les victimes étaient déjà mortes. Elles avaient perdu la tête en raison des sévices et des souffrances extrêmes. Elles s'effondraient. Abattues, anéanties[6], elles

6 « Dans les camps hitlériens, lorsque la mise à mort n'était pas immédiate, les déportés étaient soumis à une procédure d'extermination graduelle dont faisait partie le meurtre psychique : l'homme devait être humilié, brisé, anéanti, avant de succomber. L'attaque nazie visait à démolir les fondements narcissiques de l'être humain, à frapper de nullité l'évidence pour lui-même de son appartenance au genre humain. », Cerf de Dudzeele, Géraldine, « Se maintenir en vie dans l'humaine barbarie », *La résistance de l'humain*, Paris, Puf, 1999, p. 108.

sombraient dans une dépression insurmontable due aux tortures répétées qui visaient à les effacer du monde des humains.

On ne peut imaginer que les tueurs aient pu faire pire que ce que je suis en train de dire, mais pourtant je peine à transmettre intégralement ce que j'ai vécu. Peut-être faut-il l'avoir vécu pour comprendre ? Même les Hutu qui ont tué ne sauraient trouver de mots pour nommer leurs actes. Nous n'avions pas de mots pour décrire les formes de cruauté inouïes et inédites que nous subissions[7]. Pendant le génocide, tout était exacerbé au plus haut degré, le crime comme la douleur. Les mots qu'on utilise pour décrire dans chaque cas la personne qui a été tuée ne suffisent pas. Il n'existait pas de termes dans notre langue pour décrire nos souffrances. Ce que nous avons vécu en 1994 sera peut-être écrit plus tard, dans de longues années. Aujourd'hui, nous, les survivants, nous en sommes à l'étape de vaincre la peur pour écrire sur la mort telle que nous l'avons vue. Nous avons le devoir de la nommer pour que la cruauté dont les Hutu se sont rendus coupables en exterminant les Tutsi soit connue et que plus jamais cela ne se répète où que ce soit dans le monde.

LA LANGUE GÉNOCIDAIRE

La mise à mort des Tutsi pendant le génocide était accompagnée de mots, d'abréviations, d'allusions, de sous-entendus, de proverbes, d'insinuations, de termes qui se sont infiltrés dans chaque région et immiscés dans l'esprit de tout un chacun et qui guidaient de manière autoritaire et irréfutable les comportements collectifs. D'abord codées, « Il faut tuer les grands arbres », les injonctions sont rapidement devenues explicites et impitoyables : « Il faut tuer tous les Tutsi ». L'emprise d'une langue corrompue et pervertie a façonné la propagande. L'idéologie génocidaire[8] se glissait dans la langue à travers des métaphores et des mots détournés

7 « Notre langue manque de mots pour exprimer cette insulte : la démolition d'un homme. », Levi, Primo, *Si c'est un homme*, Paris, Julliard, coll. Pocket, 1990, p. 26.

8 « Il y a des mots que vous comprenez parce qu'on les interprète ; et il y a les mots qui résonnent en vous. Depuis le génocide, il y a toujours cette résonance, des slogans qui nous restent. Le premier art des Khmers rouges est dans les mots. », « Une mémoire

de leur sens. Des mots difficiles à comprendre aujourd'hui encore. Dans la distorsion du vocabulaire, on peut saisir l'ampleur de la brève expression « par le raccourci », qui à elle seule a mis en œuvre et développé à grande échelle un processus qui rabaisse/raccourcit les hommes à tel point qu'ils perdent à leurs propres yeux leur identité d'êtres humains.

Avant et pendant le génocide, les mots ont joué un grand rôle. Pour communiquer entre eux et transmettre des messages, les génocidaires les détournaient de leur sens premier, leur en donnant un autre. Ils les utilisaient pour inciter à la haine, pour la diffuser et l'amplifier. C'est ainsi qu'ils ont imposé le verbe *gukora*, « travailler », devenu synonyme de tuer et se joindre aux *Interahamwe* pour participer aux tueries[9]. Ils « travaillaient ensemble ».

Les tristes et cruelles distorsions de la langue étaient multiples. Aux petits enfants rescapés, dont les parents avaient été assassinés, les *Interahamwe* disaient : *Kujyana abana kubaha amata*, « Venez, les enfants, on va vous donner du lait ». Les enfants accouraient tout joyeux et innocents, sans savoir qu'ils se précipitaient vers la mort. Aux Tutsi, ils disaient : « Venez, on va vous sauver, on vous accompagne au CND[10] où vous allez retrouver vos frères et sœurs. » Et ils les conduisaient devant des fosses communes où ils étaient abattus. Là où les Tutsi étaient regroupés, notamment dans les écoles, on leur disait : « On va vous protéger. » On les emmenait successivement par groupes de dix. Aucun ne revenait jamais.

Pour le viol, il existait le terme *gufata ku ngufu*, mais aucun mot n'existait pour désigner le viol collectif. Pour « violer », on employait le verbe *kubohoza*[11]. Ce qui peut signifier, par exemple, « libérer », au sens

---

des corps », entretien avec Panh, Rithy et Hatzfeld, Jean, *Vacarme* 27, printemps 2004, p. 31-36.

9 Ce terme, « le travail », n'est pas éloigné de celui d'*Aktion*, employé par les nazis pour parler des opérations de massacres. De même le terme *Sturm*, « la tempête », qui désignait l'assaut, pourrait être rapproché du terme *Muyaga*, « le vent » qui a désigné les vagues successives de massacres des Tutsi de 1959 à 1994.

10 À la suite des accords d'Arusha, un bataillon du FPR avait été autorisé à s'installer fin décembre 1993 à Kigali pour assurer la sécurité de ses représentants qui devaient participer au nouveau gouvernement. En prévision de l'intégration militaire des exilés, un détachement de six cents soldats du FPR avait été placé dans les locaux du Conseil national de développement (CND), à l'emplacement de l'ancien parlement rwandais.

11 Le terme *kubohoza* signifie littéralement « libérer » d'une contrainte. Dès l'avènement du multipartisme, dans les années 1991-1992, il a été utilisé pour désigner la force

de libérer son pays quand il est occupé par l'ennemi, ce qui implique une action violente. Les Hutu violaient, volaient, pillaient, incendiaient, ils s'appropriaient les corps, les biens et les troupeaux et s'en emparaient par la force.

Pour les filles et les femmes, l'alternative était expéditive. Soit on les machettait tout de suite, soit on leur faisait subir les pires sévices, mettant en souffrance leur corps et leur âme jusqu'à la mort. C'était ça aussi, le « raccourci », un blocage absolu, un arrêt fatal, qui intervient quand on subit des humiliations qui dépassent tout ce qu'on aurait pu imaginer, jusqu'à ce que l'humanité meure en toi après avoir subi l'innommable. Déshumanisée, dévalorisée, il fallait que chaque victime meure après s'être haïe elle-même, après avoir haï la vie.

« Le raccourci » a une signification particulière pour moi, comme pour toute personne qui a subi le viol pendant le génocide. Le viol est un meurtre, un passage exécrable dont tu ne reviens pas. Quand tu survis, tu vis dans la honte, horrifié par la torture que tu as subie et qui pèse toujours sur ton cœur. Tu ne peux plus tenir debout et quand tu essaies d'être fort, le cœur n'est jamais droit. Il s'effondre. Nous pensons toujours aux crachats que nous avons reçus au visage, à nos corps souillés. Nos cicatrices sont à jamais à vif.

Nous essayons de sauver les apparences mais, dans nos cœurs, les épreuves ne cessent de se démultiplier et de s'amplifier les unes les autres. Quand on y pense, on a honte comme si nous étions responsables de ce qui nous est arrivé sur ce chemin étroit et obscur où nous avons vécu l'indescriptible. La souffrance fait perdre la raison et la douleur conduit à une mort inéluctable et rapide.

---

déployée par le MDR pour « libérer »/contraindre la population à sortir de l'emprise des partis politiques, plus précisément de celle du MRND. Cet usage de la force (*kuboboza*) comprenait des violences, le pillage des terres et des biens, il a notamment visé le bloc régional du Ndiza et du Gacurabwenge, dans les communes de Nyakabanda, Nyabikenke, Rutobwe, Kayenzi, Taba et Runda. Les assaillants se couvraient souvent le visage de craie et portaient des feuilles de bananier sur le corps, ils attaquaient au signal des coups de sifflet, marchaient accompagnés de tambours et dressaient des barrières le long des routes pour attraper leur proie. Les tueurs du génocide ont fait la même chose. *In fine*, l'utilisation du terme *kuboboza* pour désigner le viol est la continuation d'une attitude qui acceptait la violence jugée normale et banale pour la poursuite de buts politiques. Voir « Shattered Lives : Sexual Violence During the Rwandan Genocide and Its Aftermath », *Human rights documents : Africa*, vol. 3169, Human rights, 1996, p. 39-40. Pour les années 1991-1992, voir Kimonyo, Jean-Paul, *Rwanda. Un génocide populaire*, Paris, Karthala, 2008, p. 127-133.

Pendant les longs jours du génocide perpétré contre les Tutsi, alors que nous allions de cachette en cachette, notre prière était bien sûr de survivre ou alors d'être tué d'un seul coup et sans torture. Épuisés par cette longue agonie morale, dans le froid et sous la pluie, nous étions forcés de nous cacher pour éviter la mort qui rôdait partout, tout autour de nous. Mais de là où nous étions, nous continuions d'entendre les cris de douleur de nos frères et sœurs. Beaucoup en sont arrivés à souhaiter mourir par balle au lieu d'être salis, torturés et amenés à mourir dans d'atroces souffrances, telles que les avaient vécues ceux dont on retrouvait les corps abandonnés sur les collines où ils tentaient de se réfugier en quête de cachettes sûres. En entendant les tueurs s'approcher, ils sortaient parfois soudainement de leur cachette et se mettaient à courir dans l'espoir d'être abattus par balle. C'est ce qui arrivait le plus souvent. Leurs corps étaient laissés sur place. Ceux qui n'étaient pas dévorés par des animaux pourrissaient. Aux abords de la route, les camions venaient ramasser les cadavres pour les jeter dans des fosses communes. Quand les cadavres ont été trop nombreux, ils ont été déversés dans la Nyabarongo.

Je tente de remettre en mouvement des images de la vie pour que les morts charriés à la surface des eaux ne deviennent jamais de sombres chiffres ni des statistiques anonymes. Pour que le monde sache que la victime était une personne singulière, à laquelle les tueurs ont ôté la vie. En ce temps-là, personne n'est mort de son plein gré ni naturellement. La mort était prescrite, imposée, mettant sauvagement fin à la vie de centaines de milliers d'êtres humains.

DIEU N'A PAS RAPPELÉ SES ENFANTS, ILS ONT ÉTÉ ASSASSINÉS

Les jours de l'après-génocide ont été durs. Nous n'arrivions pas à parler. Nous n'avions plus aucun repère dans l'existence. Parfois nous enviions ceux qui étaient morts. La vie n'avait aucun goût, nous n'avions aucun espoir et pas même le soulagement d'avoir survécu. Rescapés du génocide, nous partageons une même histoire, mais chacun l'a vécue à sa façon, sur son propre chemin. Ce à quoi nous avons survécu a un seul et même nom, « génocide », mais les crimes et la torture que chacun a subis pendant ces cent jours sont très différents d'une victime à l'autre. Les témoignages des rescapés convergent dans les faits[12], mais leurs récits diffèrent dès qu'ils concernent la chasse à l'homme, les tortures, les blessures, qui ont constitué le triste parcours de chacun.

Rescapés du génocide, la mort n'était pas seulement dans nos cœurs. Elle était partout, elle brouillait nos pensées. Il nous était très difficile de nous asseoir et de réaliser que nous étions encore en vie après les atrocités que nous avions vues et vécues, que ce soit pour nous-mêmes ou pour les innombrables victimes. Avoir survécu n'a jamais au grand jamais été le résultat d'une quelconque pitié des meurtriers.

Il est difficile de croire que le Dieu du Rwanda était présent tout au long de ces journées passées dans les ténèbres. Aujourd'hui encore, je me pose toujours les mêmes questions : Dieu, pourquoi as-tu permis que cela nous arrive ? Pourquoi ? Pourquoi ces malheurs, pourquoi ces souffrances ? Où étais-tu, que faisais-tu ? Pourquoi nous ? Quel a été notre tort ? Pourquoi nous avoir laissés souffrir et mourir aussi atrocement ?

Ces questions me persécutent toujours. Elles restent sans réponses et m'amènent parfois à douter de l'existence de Dieu. Je me fâche et je ne sais à qui confier ma colère ni à qui demander des comptes. C'est difficile à accepter, à comprendre. Il est impossible de s'y résoudre. À un moment donné, j'ai pensé aller trouver des religieux et j'ai imaginé les frapper jusqu'à ce qu'ils me donnent des explications. Je me disais : s'ils peuvent nous réconcilier avec Dieu et effacer nos péchés, ils devraient pouvoir répondre à mes questions. Les punir me semblait légitime pour les forcer à me répondre et peut-être apaiser ma colère face à l'inaction de Dieu. Il ne nous a pas secourus face à la mort et à la torture, durant notre extermination. Il est resté silencieux alors que notre sort était pire que celui de Jésus sur la croix. Les souffrances des Tutsi pendant le génocide ont été plus longues et plus atroces que celles de Jésus. Pourquoi, pourquoi, Dieu du Rwanda ? Où étais-tu durant ce temps ? Pourquoi as-tu accepté que cela nous arrive ?

---

12 « Et personne ne conteste : non pas qu'il y ait des recoupements dans les propos, mais les souvenirs et les images vont dans la même direction. », Panh, Rithy et Bataille, Christophe, *La paix avec les morts*, Paris, Grasset, 2020, p. 48.

Après ces interminables questionnements, l'espoir me revient quand je me souviens que Dieu s'est manifesté en nous envoyant ses enfants, animés d'un esprit de sacrifice incroyable. Ils ont fait montre de bravoure et d'excellence au combat. Les *Inkotanyi* ont mis fin au génocide, ils nous ont sauvés de la mort. Ce qu'ils ont fait ne peut être advenu qu'à l'instigation de Dieu.

LE VIOL

Nous avons survécu au génocide, nous avons échappé aux machettes et autres tortures, mais après avoir survécu au mal absolu, nous n'avons pu mettre fin à notre souffrance. De ce point de vue, c'est une défaite. Les rescapés ont gardé des séquelles qu'eux seuls peuvent comprendre. Certains mourront sans pouvoir s'en débarrasser. Elles sont liées aux traumatismes qui nous ont accablés en ces jours de mort.

Le pays grandit, l'histoire reste. Le pays grandit, mais ceux qui ont vécu cette triste histoire la garderont dans leur cœur durant toute leur vie. Malgré le développement, les blessures saignent dans le cœur des rescapés à cause de ce « raccourci » dans lequel ils ont été saisis. C'est un chemin rempli de souffrances et de maux : douleurs mortelles des innocents jetés dans les rivières et les lacs ; déchirements du cœur et du corps pour nous qui avons connu et subi le « raccourci » qu'a été le viol collectif et public des mères, des jeunes filles, des hommes, des jeunes gens et des enfants. Être traîné dans un chemin rempli de souffrances oblige à refuser son propre corps qui a été complétement dégradé. On a été battus jusqu'à en perdre l'ouïe, traités de tous les noms, humiliés jusqu'à en venir à nous haïr nous-mêmes.

Nous avons été violés par des foules joyeuses, nos cris de douleur se sont perdus dans le brouhaha de leurs cris de plaisir et de joie[13]. Les violeurs étaient sales, ils dégageaient l'odeur du sang de leurs victimes.

13 Antoine Mugesera parle de ces foules joyeuses et obscènes, venues assister et prendre part au spectacle de la mise à mort. « Il arrivait même qu'un tout jeune enfant soit suivi par une masse de tueurs et de spectateurs. Des scènes tragiques accompagnaient, bien entendu, ces marches macabres : aux prières, larmes, cris ou silences des victimes

On perdait le goût à la vie, on mourait intérieurement. L'image que l'on avait de soi n'avait plus rien d'humain. Il s'agissait d'une torture infligée par des hommes conscients de leurs crimes, qui s'en prenaient à toi, alors que tu criais jusqu'à perdre la force de te battre, jusqu'à ne plus pouvoir ni supplier ni appeler au secours. Le monde, les gens, Dieu, plus personne ne t'écoutait ni ne t'entendait. Tu te taisais. Tu pleurais intérieurement, tu te laissais faire, tu te laissais tuer.

C'est mon histoire. Même aujourd'hui, je n'ose y penser. Quand je me rappelle ce que j'ai subi, la souffrance envahit tout mon corps et me rend muet. Le corps et le cœur sont envahis, l'âme étouffée. J'avais douze ans. La douleur a atteint tous mes organes. Pendant des jours, des semaines et des mois, mes blessures qui avaient tant saigné pourrissaient, du pus s'en échappait. Ma peau avait perdu sa sensibilité. Mon corps était mort, mon cœur mourait peu à peu. Je dégageais une odeur nauséabonde et j'étais le premier à la sentir. J'appelais les miens au secours, tout en sachant qu'ils subissaient autant d'atrocités que moi. Aujourd'hui encore, quand j'écris, je crie de douleur. Je me souviens que j'ai appelé mon père au secours, que j'ai crié le nom de ma mère et des miens. Jusqu'à ce que je me taise. Sans secours, sans espoir de réconfort.

« Le raccourci » ne se résume pas au chemin de croix qu'ont subi les victimes du génocide perpétré contre les Tutsi. Il se réfère aussi à la vie très difficile que les survivants ont dû affronter après et qui comprend son lot de traumatismes multiples et successifs. Les conséquences des sévices corporels et moraux te semblent insurmontables. Tu te sens coupable et inutile, sans aucune raison de vivre. Les difficultés sont trop nombreuses et il ne te reste presque personne pour t'aider. Les survivants partagent les mêmes malheurs et la même douleur.

Souvent dans tes pensées, seul face à toi-même, tu te demandes pourquoi. Pourquoi les tueurs hutu ont-ils décidé de te laisser brisé mais vivant ? Tu te dis que tu n'as plus aucune valeur sur cette terre. Rien n'est aussi douloureux que de ressentir à quel point les tueurs te méprisent et te haïssent. Comme si même la mort ne voulait pas de toi. Tu es resté comme un déchet inutile, à jeter. C'est pire qu'être mort et enterré, tu n'es plus un humain comme les autres. Les tueurs trouvent que tu pues et la mort est un soulagement qu'ils te refusent.

---

répondaient injures, insultes, coups, humiliations et marchandages d'argent de la part des bourreaux. », Mugesera, Antoine, *op. cit.*, p. 64.

Si on lit attentivement les témoignages des rescapés du génocide des Tutsi, on se rend compte que, dans toutes les régions, ce chemin de croix a été le lot de chaque victime innocente pendant cent jours. Les rescapés n'arrivent pas à tout dire, certains ne disent rien et tellement de récits sont partis avec les morts. Des familles entières ont été décimées, aucun survivant ne sera plus jamais là pour raconter ce qui est arrivé aux siens. C'est pour eux que j'écris ce que je connais par moi-même et ce qui m'a été dit par d'autres survivants qui ont connu le même « raccourci ».

LES JEUNES FILLES

« Le raccourci » pour les jeunes filles, qui avaient entre dix-huit et vingt-quatre ans et qui vivaient encore chez leurs parents, a été atroce. Elles pensaient que l'avenir était devant elles. Elles étaient fiancées, leurs familles avaient reçu la dot. Elles attendaient avec impatience le jour où elles allaient fonder leur propre famille avec leur bien-aimé. En 1994, elles ont été jetées dans les rivières parmi ceux qui auraient dû devenir leur époux.

Les jeunes gens ont souffert deux fois. Ils ont été assassinés alors qu'ils venaient d'apprendre que leur fiancée avait été tuée après avoir été violée. Dans certaines familles, les filles ont été « épargnées » pour servir d'esclaves sexuelles aux tueurs. Pour ceux qui allaient mourir, c'était une souffrance insoutenable que de savoir que leurs filles étaient restées en vie pour être violées. Ils emportaient cette souffrance dans leur trépas. Le viol d'une jeune fille sous les yeux des siens obligés d'y assister était un acte de torture inouï. Une fille tutsi qui gardait sa virginité pour son mari en était dépossédée par un tueur sale, puant, haineux, inconnu, brutal. Après lui, d'autres s'en prenaient à elle, sans ménagement. Ces viols collectifs pouvaient survenir plusieurs fois par jour pendant plusieurs jours.

LA PROFANATION DES MORTS

« Le raccourci » peut être comparé au chemin qui conduit à la mort certaine, c'est le dernier jour de la victime, ses derniers instants, sa disparition. Mais ce n'est pas seulement l'arrêt brutal et définitif de sa vie engloutie dans les flots. « Le raccourci » inclut l'endroit où la personne a été tuée, les sentiers qui descendent vers les lacs et les rivières qui ont vu se dérouler des actes d'une cruauté extrême, accompagnés d'un manque absolu d'humanité et de compassion. Le respect des morts avait disparu. La mort était banale.

Souvenons-nous du calvaire de chaque victime. Chaque mise à mort a sa sombre particularité. Les cadavres flottaient dans les rivières ou étaient ballottés à la surface des lacs. Tous étaient abandonnés sans sépulture. Chaque fois qu'on les voyait, on se souvenait que tout défunt doit être inhumé. On se rendait compte que le génocide avait pris les nôtres et notre dignité. La vie humaine n'avait plus de prix et les morts n'avaient pas même droit à un tombeau.

Les cadavres anonymes faisaient partie du paysage. Il arrivait parfois qu'on oublie que c'était un être humain qui était abandonné là. Qu'il avait eu une famille, une vie, un travail… Il était rare de se rappeler que cette personne avait eu des rêves et des projets d'avenir… On voyait juste un corps abandonné inanimé qu'on dépassait en courant pour aller se réfugier plus loin et ne pas le rejoindre trop vite. Ces vies fauchées doivent rester dans nos mémoires.

Les corps se sont putréfiés sur les flancs des collines. On voyait des cadavres nus en état de décomposition, personne n'osait ou ne voulait les recouvrir. La vie d'un être humain connaissait une si triste fin. C'est peut-être cet anonymat dans la mort qui nous oblige à commémorer les victimes en termes de chiffres. On devrait plutôt se rappeler la souffrance, les sévices et les tortures subies par chacun jusqu'à la mort.

Nous parlons de la haine infligée à des centaines de milliers de personnes, nous parlons d'injustices innommables, de cris, d'appels au secours restés sans réponse, de douleurs inimaginables. Un chiffre à lui seul, – un million de personnes –, englobe tellement d'histoires. Il devrait être accompagné du nom des victimes. Il faudrait dire pour chacun comment était son cadavre, le lieu où il est tombé, comment il a été assassiné, quelle a été sa vie et quelle a été sa mort[14]. Les cadavres ne doivent pas rester anonymes. Ce sont des êtres humains, leur parcours a été définitivement interrompu par ceux qui ont « raccourci » leur vie. Et le sol du Rwanda a été inondé de sang.

ICI ON PARLE DE GÉNOCIDE

Parler de tout, dire la vérité, refléter la réalité de l'époque, expliquer la torture subie, c'est une façon de prévenir pour que le génocide ne se reproduise pas à nouveau et pour ne pas laisser la part belle aux négationnistes qui espèrent avoir fait disparaître toutes les preuves ou qui les dénient. Il n'y a pas à atténuer la réalité, les miliciens tuaient sans pitié. C'est pour cela que je me dois d'évoquer leur violence telle que je l'ai vue et subie.

Souvenons-nous de chaque Tutsi qui a été tué et jeté sur les chemins ou dans la Nyabarongo, souvenons-nous-en comme d'un être humain dévalorisé, tué et jeté pour qu'il disparaisse à jamais. L'effacement programmé s'attaquait à la vie, au nom, à la dignité. Mais, pour nous, il reste un humain. En parler, respecter son nom et son souvenir, c'est restaurer sa dignité et perpétuer sa mémoire.

« Le raccourci », expression banale et porteuse de mort, désignait la mort par noyade et l'exil à jamais des morts hors de leur pays natal. Pour les *Interahamwe*, c'était le plus court chemin pour renvoyer les Tutsi dans leur prétendu pays d'origine. Ils l'annonçaient dans leurs manifestations publiques : « Les Tutsi doivent être tués et renvoyés dans leur pays au nord de l'Éthiopie. » Les affluents du Nil étaient censés charrier leurs corps jusque-là bas, en Abyssinie. Ils emportaient des corps lourds de leur histoire et de la nôtre. Je me dis que ce chemin vers la noyade était un « raccourci », parce que la victime mourait déjà intérieurement, bien avant de sombrer dans la rivière. Les pensées lugubres envahissaient

14 Voir à cet égard l'immense travail de recollection effectué par Ibuka pour l'établissement du *Dictionnaire nominatif des victimes du génocide en Préfecture de Kibuye*, Kigali, Ibuka Rwanda, 1999.

son esprit. Elle se demandait pourquoi elle devait mourir et subir la torture qui avait déjà frappé avant elle tous ceux qui n'avaient connu ni échappatoire ni refuge dans tout le pays. Au moment de l'exécution, le cœur n'était déjà plus là. Seule demeurait la douleur de l'âme qui a vu les siens mourir l'un après l'autre, avant que son tour n'arrive.

COMMENT EST-CE POSSIBLE ?

Une question me hante : à quoi pensait cette personne qui en noyait une autre, deux ou trois autres et jusqu'à cent ? Comment un homme peut-il former une file de gens pour les tuer à coups de machette, noyer leurs cadavres et procéder ainsi jusqu'à ce que la fatigue mette fin à ses activités mortelles ? Les Hutu qui ont tué avaient-ils une conscience ? Qu'avaient-ils en eux qui les poussait à exterminer sans même penser que leurs victimes étaient tout aussi humaines qu'eux ? Pourquoi n'avaient-ils pas peur des ruisseaux de sang qu'ils faisaient couler ? Pourquoi n'arrêtaient-ils pas, ne serait-ce que par dégoût ? Pourquoi n'en avaient-ils jamais assez ? Tout seul, vingt-cinq ans plus tard, je me pose toujours ces questions sans trouver de réponse. Je n'arrive pas à comprendre ce qui se passait dans la tête des Hutu. Comment un homme peut-il tuer toute la journée et retourner le soir chez lui comme s'il rentrait d'une ordinaire journée de travail ? Comment se fait-il que les cris de douleur, les supplications et les pleurs ne le touchent pas et ne le poussent pas à arrêter ? Étaient-ce vraiment les Hutu qui agissaient ou y avait-il autre chose qui les motivait ? Ces questions, chaque victime se les pose. Le rescapé poursuit un chemin abrupt où s'entrechoquent à l'infini problèmes, questions, stupeur et incompréhension. Après le génocide, nous avons souffert de séquelles incontrôlables, sans même avoir le temps d'être consolés. Tout est allé si vite, sans la moindre pause, coulant comme les rivières qui ont emporté les nôtres. On a fait fi de ce qu'on avait subi pour vivre malgré tout. On s'est anesthésié face au présent.

Dans ce cheminement d'après le génocide, il y avait le chagrin, les souffrances et beaucoup de difficultés pour les rescapés. Après s'être extrait des cadavres, après être sorti des marais, des rivières ou de nos cachettes, il était difficile de continuer à vivre accompagné par cette histoire.

Rentrer chez soi, là où tous tes voisins savent que tu as été violée par plusieurs hommes qui t'ont jetée sur la route, alors que tu avais pratiquement perdu conscience, était le sort des femmes et des filles. Elles ont subi des grossesses non désirées, elles ont attendu le fils ou la fille d'un *Interahamwe*. Cette expérience surchargeait le traumatisme initial jusqu'à la suffocation. Certaines ont perdu la parole. Elles s'efforçaient d'éviter celles et ceux qu'elles avaient connus auparavant. Il leur était impossible d'expliquer ce qui leur était arrivé. Leur corps se transformait et les gens devinaient d'eux-mêmes, il n'était nul besoin de parler. Les victimes vivaient dans la honte, comme si elles étaient coupables de leur sort. Qu'elles survivent semblait une insulte à l'égard des membres de leur communauté. Les familles avaient honte de leurs filles, elles les rejetaient sans le moindre soutien, durant leur grossesse jusqu'à la naissance des enfants. Et encore après.

L'ORDRE ET L'URGENCE DE TUER

« Le raccourci » que les tueurs hutu ont fait emprunter aux Tutsi pendant le génocide désigne toutes les formes de cruauté que les victimes ont subies, ainsi que le coup fatal mettant fin à leur vie. Qu'il s'agisse de ceux qui ont réussi à s'extraire des rivières, que ce soit moi-même ou d'autres encore, nous avons connu des traumatismes dont le dénominateur commun était la mort. La mort est tombée sur nous, elle nous a frappés sans distinction, elle nous a laissés avec la peur enfouie en nous. « Tuer » était le mot d'ordre qui a régné en maître sur le pays durant les cent jours du génocide. Chacun savait que la mort pouvait survenir n'importe quand et t'emporter. Les paroles n'étaient pas moins directes et criminelles que le chemin qui conduisait à la mort par noyade. Les mots eux-mêmes étaient un « raccourci », ils tuaient, ils anticipaient la mise à mort. Toutes sortes d'expressions étaient utilisées. « Tuer » se déclinait : exterminer, déraciner, torturer, éradiquer, tuer sans pitié. Tous étaient visés, y compris les mamans avec leur enfant au dos ou celui qu'elles portaient dans leur ventre. Certains bébés, saisis dans leur innocence d'enfant, continuaient à sucer le sein de leur mère pendant son agonie ou après sa mort. « Le raccourci » était cette mort atroce et fulgurante.

Le courant de la rivière ressemble au flux intarissable de questions que nous nous posions pendant le génocide et auxquelles nous n'avions ni le temps ni le cœur de répondre. Imagine dans quel état tu es quand tu dois enjamber le cadavre d'un proche, sans pouvoir l'enterrer ni même le recouvrir.

ON TUE UN ENFANT

On se demande comment les tueurs pouvaient ne pas laisser à une mère le temps de se séparer de son enfant. Pourquoi étaient-ils si pressés ? Les Tutsi ont subi des atrocités et ils sont morts avec toutes ces questions. Ceux qui ont survécu sont restés avec une immensité de problèmes. Certains en sont morts dans les mois, voire dans les années qui ont suivi le génocide.

« Le raccourci » était le chemin le plus rapide vers les derniers moments de la vie. La mise à mort des Tutsi se faisait dans la hâte et la précipitation, la victime n'avait le temps de faire ni ses adieux ni ses prières. Les miliciens tuaient vite pour passer aussitôt à la prochaine victime. Une infinité de personnes ont été tuées. Blessées, certaines étaient encore en vie et gisaient parmi les cadavres, anéanties. Elles ont pleuré jusqu'à en mourir. Elles sont mortes sans comprendre. Les maux du génocide sont innommables.

Parfois la victime ne mourait pas tout de suite. C'était le cas des enfants ou des bébés. Ils pleuraient jour et nuit, ils étaient affamés et criaient parmi les corps sans vie des leurs. Les jeunes enfants se retrouvaient à côté des cadavres de leurs parents, frères, voisins et ils attendaient sans comprendre ce qui leur arrivait. Ils finissaient par mourir de leurs blessures après de longues agonies. Rares sont ceux qui parvenaient à s'enfuir. Systématiquement les *Interahamwe* revenaient sur les lieux de leurs crimes pour dépouiller les morts et achever les survivants.

Les questions qui taraudaient l'esprit de l'enfant ont disparu avec lui. Que se demandait-il, que nous demandait-il ? J'ignore toujours ce que les enfants de mon âge, les amis qui vivaient dans le même quartier que moi, se sont demandé avant leur mort. Quelles ont été leurs ultimes pensées ? Quelles ont été les pensées de ceux qui étaient plus âgés que moi, les pensées de celles et ceux qui étaient plus jeunes ? Les pensées des enfants et des bébés, dont je n'oublie jamais ni les visages ni les noms. Je ne peux les oublier. Souvent, leurs visages et leurs voix animent mon esprit. Je me demande à quoi chacun pensait au moment de sa mort, je me demande quels ont été ses derniers mots. Ils me manquent. C'est un peu comme si je continuais à vivre parmi eux et je me sens complètement perdu quand je me rappelle que leur vie s'est arrêtée net au bord des rivières, emportée par « le raccourci ». La question des enfants plus jeunes que moi est la plus cruelle, il m'est impossible d'y répondre. Je pense à tous ceux que j'ai vus de mes propres yeux, alors que je m'enfuyais en courant à perdre haleine.

La mort des enfants me fait hurler de douleur. Il en est dont je n'ose citer les noms. J'en deviendrais fou. Je me demande comment les tueurs hutu ont osé les tuer. Ils étaient si beaux. Ils étaient joyeux, ils riaient et manifestaient de l'affection pour tout le monde. On jouait ensemble. Je me demande si la personne qui les a tués avait un cœur.

Quand je faisais des recherches après le génocide auprès des riverains des lacs et des rivières, il m'a souvent été répété que les mères portaient leur enfant au dos et flottaient à la surface de l'eau. Comment oublier cette image ? Comment le progrès retrouvé après le génocide pourrait-il nous faire oublier ces atrocités ? Ce n'est pas possible, et même si certains y parviennent, nous sommes nombreux à nous taire et notre esprit est resté en souffrance en 1994. Nous nous en souviendrons jusqu'à notre mort. Malgré le développement, il y a dans tout le pays des images qui restent dans nos têtes. Elles accompagnent la vie quotidienne des rescapés. Chaque colline, chaque nom, chaque lieu, chaque cours d'eau est rempli de notre douloureuse histoire. Le corps nu et sans vie d'une mère est une image inoubliable. Pouvez-vous imaginer le corps défunt des mères portant leur enfant mort au dos ? Tous deux morts. Tous deux enlacés dans la mort[15].

15 Voir p. 18-19.

« Le raccourci » a emporté des vies et il en a laissé d'autres envahies par le chagrin et la souffrance. Certains faits sont inexplicables. Tels les massacres des fidèles dans les églises. Encore une fois, l'une de mes principales questions demeure la non-assistance de Dieu. Il a laissé les *Interahamwe* tuer les Tutsi à l'intérieur des églises. La présence de Dieu en Sa demeure n'a pas dissuadé les Hutu. Les églises ont été ensanglantées jusqu'à l'autel[16] et elles le sont restées jusqu'à aujourd'hui. Les lieux sacrés ont été profanés et ceux qui n'avaient pas peur de Dieu et de Sa maison n'ont pas craint de massacrer les hommes qu'Il a créés. Les Tutsi réfugiés sur le vaste territoire de l'archevêché[17] de Kabgayi[18] disent que les briques de l'église avaient plus de valeur que leur propre vie. Les religieux avaient demandé que les Tutsi qui s'y cachaient soient emportés et tués ailleurs pour que les locaux de l'église et ses dépendances restent propres et intacts[19].

Les Tutsi qui ont été tués par « le raccourci » ont d'abord été torturés. Certains survivants terrifiés ont choisi de rester plusieurs jours tapis sous les corps. Imaginez le désespoir halluciné de celui qui restait sous les cadavres en décomposition. Quand il en sortait, il ne se rendait pas compte de l'apparence de mort-vivant qu'il avait ni de l'odeur de mort suffocante qu'il diffusait. En avançant, il arrivait qu'il aperçoive toute proche une barrière de la mort tenue par les miliciens. S'il avait échappé à leur vigilance pour s'extirper de dessous les cadavres, effrayé, il faisait aussitôt demi-tour pour se terrer de nouveau parmi les morts, espérant un moment plus propice pour ressortir et trouver où se cacher. Pendant tout ce temps, les pensées

16 Voir n. 36, p. 21.

17 En 1994, Nsengiyumva Thaddée était archevêque de Kabgayi, haut-lieu du catholicisme au Rwanda. Mi-avril, les réfugiés tutsi ont afflué vers Kabgayi jusqu'à être trente-huit mille à la fin mai. Face à l'avancée du FPR, les *Interahamwe* se sont enfuis en juin après avoir massacré les réfugiés. Six mille victimes sont enterrées dans le mémorial, près de la cathédrale de Kabgayi.

18 « Nous étions réfugiés dans le groupe scolaire attenant à la paroisse de Kabgayi. Des *Interahamwe* venaient la nuit chercher les personnes qu'ils voulaient tuer. Les victimes étaient listées à l'avance. Le lendemain matin, nous trouvions leurs corps étendus dans la cour. Certains avaient les yeux sortis de leurs orbites, d'autres avaient été décapités. Les femmes avaient des morceaux de bois ou de métal enfoncés dans leur vagin. », Mukamazera, Julienne, « Exilée dans mon propre pays », *Cahiers de mémoire, Kigali, 2019*, Paris, Classiques Garnier, p. 174.

19 L'archevêque « a dit aux *Interahamwe* d'aller tuer tous ceux qu'ils voulaient, en prenant soin toutefois de ne pas endommager les lieux… », *ibid.*, p. 174.

se bousculaient, comptant sur un hypothétique miracle. Si par malheur il était découvert, cette longue attente n'avait été qu'une agonie prolongée, sanctionnée par un coup fatal.

LES VIOLS COLLECTIFS

Les corps des femmes tuées après un viol étaient emportés dans des camions pour être jetés dans les rivières, laissant place à celles qui allaient subir à leur tour un viol collectif. Ces viols étaient commis par des Hutu, de simples paysans, des *Interahamwe*, des militaires, des gendarmes ou des responsables de l'administration. Tous ont donné des ordres en ce sens. J'en ai été le témoin.

Certaines images ne quitteront jamais mon esprit. Celle du lieu où s'est déroulé le viol est complètement envahie par l'intensité de la souffrance. Je me rappelle chaque seconde de ce qui s'est passé. J'ai en tête ces images infernales, nues, publiques, d'une cruauté sans égale. Les Hutu nous tuaient sans relâche et sans honte. À ciel ouvert, plusieurs femmes tutsi et quelques jeunes garçons dont je faisais partie ont été violés chacun à leur tour. Ces tueurs sanguinaires étaient comme des animaux, ils ôtaient leurs habits en public et en groupe, présentant leurs sexes en érection, s'en prenant à une même femme à tour de rôle. Les femmes *Interahamwe* étaient nues elles aussi. Sans gêne, droguées et ivres, elles rivalisaient d'audace dans le crime avec leurs hommes. Tout ce monde riait abondamment et continuait sa sale besogne, comparant la taille et la fermeté de leurs sexes. Ils pratiquaient une expérimentation sous la torture et disaient chercher à ressentir la différence entre le sexe d'une femme tutsi et celui d'une femme hutu.

Les paroles prononcées étaient de nature à vous enlever toute dignité avant même d'être touché. On mourait dans l'âme, avant que le corps ne suive. Le vocabulaire était indigne d'un être humain. « Le raccourci » n'était pas seulement le chemin menant vers la mort. Il était précédé par les tortures que les victimes subissaient et le viol collectif était l'une des principales. La vie leur a été enlevée au cours d'actes vils et déshonorants, bien avant qu'elles ne meurent.

Avant de prendre le chemin vers la noyade, plusieurs Tutsi ont subi un viol non loin de leur famille. Beaucoup de témoignages en font état et nous avons eu connaissance d'actes d'une cruauté extrême. Des objets pointus ont été introduits dans leurs organes génitaux[20]. La victime mourait peu à peu, hurlant de douleur alors que les membres de sa famille, regroupés dans des maisons ou des salles de classes voisines, attendaient leur tour. Ils entendaient tout, du début du viol jusqu'à la mort, sans pouvoir rien faire. Les parents, les frères et sœurs en perdaient la raison. Certaines victimes ne s'éteignaient pas sur le champ, elles étaient ramenées dans le groupe, à bout, sans pouvoir tenir debout ni s'asseoir. Leurs organes génitaux[21] étaient une plaie à vif. C'était une torture incroyable que d'être violée par les tueurs au vu et au su de sa famille. La jeune fille avait été enlevée, violée puis reconduite devant ceux qui l'avaient entendue crier et qui maintenant scrutaient désespérément son regard, ses mouvements. C'étaient ses frères et sœurs, son mari, ses parents, ses voisins. Si par chance l'une d'elles survivait, elle vivait dans la honte. Le sujet était tabou et les viols sont devenus le plus terrible fardeau des victimes rejetées par leur propre famille.

On ne peut oublier le témoignage des personnes qui ont été lancées dans la Nyabarongo qui les a rejetées en vie sur ses rives. Vivantes ou prises pour mortes par les tueurs, par miracle elles ne se sont pas noyées, malgré le courant et les longues distances parcourues. Leurs témoignages relatent les terribles tortures subies avant la noyade.

Je parle surtout des femmes. Certes les hommes subissaient eux aussi toutes sortes d'atrocités, mais les femmes étaient le plus souvent systématiquement violées. Elles ont été noyées alors qu'elles étaient devenues l'ombre d'elles-mêmes, violées par plusieurs tueurs à tour de rôle, équipe après équipe. La douleur leur avait arraché toute sensibilité[22]. Le viol

20 « Les viols systématiques des femmes tutsi ou des femmes hutu entretenant une relation affective ou conjugale avec des Tutsi s'accompagnèrent de pratiques ciblant les organes génitaux, visant la *matrice* de ces femmes pour interdire toute naissance au sein de la communauté vouée à la mort. », Dumas, Hélène, *op. cit.*, p. 39-50.

21 Antoine Mugesera évoque le cas d'une jeune fille torturée à mort. Les tueurs conseillèrent à celui qui la rouait de coups de frapper principalement ses seins : « Quand on ne frappe pas les seins d'une fille, celle-ci ne meurt pas vite. », *op. cit.*, p. 57.

22 « Quelque chose a été découpé au couteau et retiré de moi pendant cette heure-là – ma capacité à éprouver la souffrance et la peur. », Stern, Jessica, *Déni*, Paris, Des femmes-Antoinette Fouque, 2020.

était délibérément brutal et les tueurs s'en prenaient à leurs organes génitaux avec des objets tranchants.

Ainsi, à Rwabusoro, pour ne citer que cet exemple, les *Interahamwe* qui avaient déjà abondamment abusé d'une victime se sont mis à introduire dans son sexe, avec leurs pieds, des bouteilles, des morceaux de verre ou de métal. Les organes génitaux internes et externes des victimes pourrissaient. Lorsque les *Inkotanyi* sont arrivés pour leur porter secours, les rescapées ne pouvaient plus marcher, leur vessie et leurs organes génitaux étaient détruits et atteints de diverses infections. Qui peut oublier cette vie ?

LES ENFANTS NÉS DU VIOL

À propos du « raccourci », nous devons parler aussi des conséquences immédiates des tortures. Les femmes et les filles qui avaient survécu au viol et à la noyade se rendaient rapidement compte des conséquences du viol : elles étaient enceintes de leurs bourreaux. Elles n'arrivaient pas à en parler et vivaient avec ce lourd secret. Quand la grossesse devenait visible, tout le voisinage s'offusquait, y compris parmi les rescapés. L'enfant indésirable[23] était une malédiction pour la mère et sa famille, et les victimes faisaient tout leur possible pour avorter.

Mettre au monde un premier-né qui n'est pas le fruit de l'amour, qui n'est né ni d'un mari ni d'un amant, mais de l'un des nombreux violeurs, – donc de père inconnu puisqu'ils s'y mettaient à plusieurs –, n'avoir personne à qui se confier, car toute la famille avait le plus souvent

23 Entre deux cent cinquante mille et cinq cent mille femmes ont été violées pendant le génocide. Cette estimation s'est effectuée sur la base du nombre d'enfants nés des viols. *Shattered Lives. Sexual Violence during the Rwandan Genocide and its Aftermath*, Human Rights Watch, New York, septembre 1996, p. 4. Cité par Dumas, Hélène, *op. cit.*, note 15. À propos de ces enfants rejetés par leur communauté, voir le remarquable travail effectué par Mukasarasi Godelieve, qui a fondé l'association Sevota pour aider les femmes et les orphelins de père à se confier et à se reconstruire. Elle a inspiré le spectacle *Unwanted* de Munyaneza Dorothée et *Rwanda, un génocide en héritage*, le film d'André Versaille qui livre les témoignages d'enfants de bourreaux ou de rescapés qui dévoilent leurs questionnements, leurs peurs ou leur volonté de comprendre, accompagnés notamment par Uwihoreye Chaste de l'association Uyisenga ni Imanzi.

été décimée, conduisait au comble de la solitude et de la détresse. C'était une vie amère et la victime abandonnée vivait cachée, dans la honte, sans trop comprendre les maladies qui s'abattaient sur son pauvre corps. S'y ajoutait souvent un terrible diagnostic, celui du VIH/Sida, qui équivalait à cette époque-là à l'annonce d'une mort certaine. Le chagrin du viol subi et de la perte des siens massacrés pendant le génocide se conjuguait à une santé défaillante, qui exigeait d'avoir un moral à toute épreuve pour parvenir à survivre. Tout cela alors que la vie était si dure, – sans argent, sans famille, sans travail, sans foyer.

De graves traumatismes se sont abattus sur ces jeunes filles et ces femmes. Elles éprouvaient de la haine pour l'enfant qu'elles portaient et allaient jusqu'à dire que ce n'était pas un bébé, mais un animal. Avoir comme seules informations sur le géniteur qu'il est un assassin et un violeur était particulièrement éprouvant. Durant neuf mois, beaucoup déniaient qu'elles allaient devenir mères[24] et qu'elles étaient enceintes. Leur cœur s'y refusait.

Pour la plupart, redémarrer dans la vie était très difficile. La vie s'était arrêtée là où elles avaient été violées, passer à autre chose était impossible. La vie tournait autour d'une peine insurmontable, mêlée à des souffrances qui ne l'étaient pas moins. Plus tard, la colère les poussait à frapper l'enfant sans raison, à le traiter de porte-malheur. Il devenait le souffre-douleur, le bouc émissaire qui payait pour toutes les souffrances que la mère avait subies pendant le génocide et après. La nouvelle vie était remplie de problèmes sans solution. Auparavant, la naissance d'un enfant était source de joie dans la famille, mais dans le cas présent les jeunes mères étaient maudites par les leurs. Leur enfant était perçu comme le représentant de son père inconnu et des bourreaux *Interahamwe* dans leur ensemble. Dans sa propre famille, la mère et surtout son enfant étaient le mal absolu, un scandale. L'enfant et sa mère n'avaient plus aucune valeur, la jeune mère perdait une nouvelle fois toute dignité. Les *Interahamwe* lui avaient tout pris, vraiment *tout*, son corps, son âme, son intimité, l'avenir, les rêves et sa famille. Les rares rescapés voyaient en elle une représentante des *Interahamwe* ; elle était devenue à son corps défendant « leur » femme et la mère de « leur » enfant. Partout où elle passait, elle était rejetée par les siens et par les autres et personne ne restait auprès d'elle.

24 Voir Mukansigaye, Irène, « La cruauté inouïe des *Interahamwe* », *op. cit.*, p. 234-235.

L'ENFANT ET SA MÈRE

L'enfant aussitôt né commençait à deviner la dure réalité. Il était pointé du doigt, jugé, moqué. Il ne recevait ni l'amour de sa mère ni celui de sa famille. Sa mère ne pouvait rien lui expliquer, c'était trop douloureux. Elle ne pouvait ni l'élever ni le rejeter. La famille était intoxiquée par ces relations pleines de non-dits. L'enfant privé d'amour tentait de se frayer un chemin, mais ses voisins lui rappelaient cruellement ses origines, et partant le génocide. L'enfant symbolisait le sang versé par les tueurs.

Les traumatismes ont été notoires chez les enfants nés du viol. Quand ils ont été mis au courant de ce qui était arrivé au moment de leur conception, une sorte de peur réciproque s'est installée entre eux et leur mère. Un silence pesant s'est introduit dans leur cœur, alors qu'ils auraient voulu s'enlacer et pleurer dans les bras l'un de l'autre. Un vœu difficile à exaucer, chacun voyant en l'autre la source et la cause de ses malheurs. Ils étaient comme les pôles identiques de deux aimants qui se repoussent. Le lien était difficile à construire, surtout pour la mère qui, dans sa tête, n'avait pas quitté *là* où elle avait perdu toute innocence. Elle n'avait personne pour la réconforter et ne pouvait offrir d'affection à son enfant, devenu la preuve vivante de son traumatisme. Le corps de l'enfant était le corps du délit de viol subi par sa mère, il révélait, taisait et exhibait le viol tout entier compris dans sa naissance. Le tout accentué par l'entourage qui en cet enfant voyait le père, dont il gardait tous les mauvais surnoms. Il était devenu le représentant du père et payait pour le crime que celui-ci avait commis.

L'enfant qui avait tant besoin d'amour se trouvait avec une mère qui n'en avait plus, qui aurait voulu elle aussi être écoutée, comprise. Le souvenir des violences qu'elle avait subies de plein fouet avait pris toute la place et il avait éteint toute compassion en son cœur. Les deux étaient là, ensemble, insensibles, comme deux arbres indifférents l'un à l'autre, alors que leurs cœurs demandaient à se rencontrer, à conjuguer l'instinct maternel avec l'instinct filial, mais aucun des deux ne parvenait à faire le premier pas pour consoler l'autre.

Le terme de « maman » sonnait comme une insulte aux oreilles de la mère, car ce nom la ramenait à ce qui avait fait d'elle une mère : le viol collectif qui n'avait pas de nom en kinyarwanda. Elle se savait bannie par sa communauté, salie, sans statut ni reconnaissance, sans identité. Et il en était de même pour son enfant.

Le long voyage pour se ressaisir, retrouver son identité humaine et donner un nom à son enfant était difficile. La vie après le génocide était un mystère pour les femmes et les jeunes filles violées pendant « le raccourci ». Elles peinaient à retrouver en elles-mêmes une identité acceptable. Après avoir été mises à nu en public par des *Interahamwe* et des militaires, elles avaient l'intime conviction d'avoir perdu toute dignité humaine. Elles se privaient de leurs droits. Elles ont perdu le goût de la vie et se sont infligé des sanctions injustes. Elles vivaient dans la honte, quasiment cachées, cloîtrées dans la douleur et dans le silence.

Rares sont celles qui ont pu accepter leur statut de mère. Traumatisées, certaines se mirent à haïr les hommes. Elles n'avaient ni statut ni nom ; elles n'étaient ni des épouses ni des veuves ni des jeunes filles.

LA VIE APRÈS

Survivants, nous nous battons sur tous les fronts pour retrouver la dignité humaine, en faisant face aux conséquences de ce qu'on a vu et subi. On vit par devoir. Nous sommes la preuve vivante du crime face à celui qui l'a perpétré. Notre vie l'empêche d'avoir le dernier mot. Nous devons vivre, faire vivre nos familles et puiser dans l'histoire la force de vivre pour nous et pour les nôtres partis trop tôt. Nous devons nous reconstruire, élever les enfants des parents tués pendant le génocide pour qu'ils grandissent en étant notre fierté et notre consolation. Que notre courage rétablisse l'honneur et la dignité face à ceux qui nous les ont enlevés ; que la personne qui a tant souffert retrouve la force de protéger la vie et sa valeur, car elle sait ce que c'est que de les perdre.

Le survivant vit en se battant contre les injustices, avec le profond désir d'éduquer les enfants dans un pays d'espoir où ils ne souffriront pas, où ils vivront dans la paix et penseront à construire leur vie en laissant le chagrin derrière eux. Même si la victoire sur le chagrin est chimérique, vivre digne et debout est l'arme invincible que plusieurs rescapés ont levée contre les malédictions lancées par les Hutu qui les tuaient physiquement et psychiquement. Les repousser, c'est vivre droit, c'est construire le Rwanda, construire une vie digne, construire l'unité, c'est avoir un message pertinent à délivrer et le transmettre avec conviction. Plus jamais ça.

La vie a repris son cours, mais nous avons gardé nos blessures indélébiles. Elles diffèrent selon les uns ou les autres. Certaines victimes vivent avec leur corps infecté à jamais, d'autres ont guéri physiquement, mais ne parviennent toujours pas à comprendre pourquoi tant de haine. D'autres encore ont des blessures psychiques incurables. Pour les victimes de viol collectif, tous les détails restent en leur mémoire, toujours aussi douloureux. Les survivants sont vivants et parfois bien vivants. Mais les blessures demeurent et la vie reste imprégnée de la barbarie subie pendant le génocide. La vie après, c'est essayer de vivre décemment, mais aussi vivre avec l'histoire, vivre debout en affrontant la réalité.

POSTFACE

La mort ou la vie sauve contre argent comptant

Dans le cadre des juridictions *gacaca*[1], il a été accordé une possibilité de réduction de peine aux présumés génocidaires en échange d'aveux complets et d'une demande de pardon, à laquelle s'ajoutait une possible commutation des peines en prestation de travaux d'intérêt général (TIG). Nombre d'entre eux y ont eu recours.

La comparution se faisait par secteurs administratifs, sur la base de l'origine géographique des prisonniers. Le terme de « témoin » désigne celui qui a agi et commis des actes qualifiés d'infractions de génocide, qui y a assisté en tant que « spectateur » ou complice, ou qui témoigne de ce qu'il a vu ou fait. Leurs dépositions ont été numérotées pièce par pièce.

Les témoignages ont été recueillis entre 2002 et 2003 auprès de présumés génocidaires des ex-communes[2] de Shyorongi et de Butamwa[3], toutes deux riveraines de la rivière Nyabarongo, l'une au nord de Kigali et l'autre au sud, où les victimes tutsi connurent les mêmes supplices précédant leur noyade. J'en donne ici quelques exemples succincts et cruels.

Sous leur forme brute, ces témoignages laissent entendre d'éventuelles dissimulations ou distorsions des faits et des violences. Les présumés génocidaires révèlent comment ils ont vécu le génocide en tant que

1 Voir n. 3, p. 82.

2 Depuis 1962 et durant le génocide, le pays était divisé en préfectures, communes, secteurs et cellules. La Loi Organique du 31 décembre 2005 a restructuré le nombre et l'étendue de ces entités administratives et en a changé le nom. Depuis, leurs appellations sont : les provinces et la Ville de Kigali, les districts, secteurs, cellules et villages.

3 La commune de Shyorongi était divisée en neuf secteurs comprenant près d'une centaine de cellules. La commune de Butamwa était divisée en huit secteurs comprenant quarante-cinq cellules. Parfois, un secteur porte le même nom que la commune où il est situé. C'est par exemple le cas pour Butamwa. Une cellule peut porter le nom du secteur où elle est située. C'est le cas de Mwendo, de Burema, Kigali, Nyaburande, Butamwa, Rwesero et Rugarama.

tueurs. L'un dit qu'il a « poussé » la victime et qu'elle est morte. Laissant accroire que la mort n'est pas la conséquence de son geste, il se déleste de toute responsabilité. C'est la phase du déni pur et simple. D'autres estiment légitime leur geste. Ils le justifient : ils parlent de « l'ethnie tutsi vouée à l'extermination » et *a contrario* d'un homme sauvé de la noyade « parce qu'il était hutu ». Avant leur comparution, les présumés génocidaires avaient eu de multiples occasions, au sein de la prison de Gikondo dans la ville de Kigali, de procéder à des échanges entre eux, voire à des arrangements divers pour minimiser leur implication ou la rejeter sur d'autres.

DES VICTIMES JETÉES VIVANTES OU MORTES DANS LA NYABARONGO

Parmi les victimes, certaines étaient ligotées avant d'être noyées, surtout quand elles savaient nager. Ligotées ou non, « poussées » ou jetées vivantes dans la rivière, toutes ont été assassinées.

C'est l'un de ces cas que rapporte le témoin 423. Dans le secteur de Rwahi, ex-commune de Shyorongi, trois enfants s'étaient cachés avant d'être découverts par une bande de tueurs qui les ont immédiatement conduits jusqu'à la Nyabarongo. Les enfants eurent chacun les bras liés « parce qu'ils savaient nager » et ils furent précipités vivants dans la rivière.

Ce fut aussi le cas pour Butera, fils de Rwicamafigi, de la cellule de Birambo, dans le secteur de Mwendo (ex-commune de Butamwa). Il a été attrapé par les génocidaires et conduit à une barrière où les responsables décidèrent qu'il devait être mis à mort par noyade. Toute une foule[4] l'escorta jusqu'à la rivière où il fut précipité après avoir été ligoté par Munyakayanza (témoin 1283).

D'autres victimes se seraient « volontairement » jetées à l'eau. Mais elles n'ont pas eu pour autant la vie sauve. Le feu a été ouvert sur elles alors qu'elles s'enfuyaient à la nage et elles furent tuées.

Le témoin 473 avoue avoir noyé l'enfant de son voisin Habimfura. Il a participé à une expédition de tueurs qui est allée chez cet homme

4 Voir n. 13, p. 135.

à la recherche de l'enfant. Ils le fusillèrent au bord de la rivière, puis jetèrent son corps à l'eau. Le témoin reconnaît son crime de l'avoir lui-même noyé.

Le témoin 473 reconnaît également avoir participé à une expédition qui emporta Kalinijabo Pascal de la cellule de Rutonde (ex-commune de Shyorongi). Le témoin ne dit pas qui a conduit cet homme jusqu'à la Nyabarongo, mais il avoue que la victime a été jetée vivante dans la rivière.

Dans la cellule de Nyamirembe, secteur de Rutonde (ex-commune de Shyorongi), deux couples et un enfant ont été noyés dans la Nyabarongo : la famille Gahima Simon (le mari, sa femme Cécile et leur enfant) et le couple Karekezi (le mari et sa femme Godelive).

Kamuzinzi Claudien, originaire du secteur de Kigali (Butamwa), était allé chercher refuge dans le secteur voisin de Mwendo. Arrivé à une barrière érigée devant la maison d'un certain Byankundiye, il fut arrêté et immédiatement conduit à la Nyabarongo (témoin 1107).

Dans le même secteur, Gapare, fils de Gahondogo, est parti se cacher chez son beau-père, Mugenzi Anastase. Malheureusement il fut attrapé en cours de route et précipité immédiatement dans la rivière (témoin 1202).

Uwibambe Hyacinthe a été découverte dans sa cachette, chez Nzagirishya de la cellule de Mwendo. Le témoin 1280 dit qu'il a accompagné les génocidaires qui la conduisaient à la rivière, craignant qu'ils ne la violent. Ce qu'ils avaient juré de faire avant de la noyer. Arrivée à la Nyabarongo, Hyacinthe a demandé aux assassins de lui permettre de faire une prière. Ils lui accordèrent cette « faveur », mais aussitôt après sa prière elle fût mise à mort et poussée dans la rivière par un certain Karegeya Abubacar.

LE PRIX DE LA VIE

Selon les dires des tueurs, quelques Tutsi échappèrent à la mort par noyade. Le plus souvent, ce fut contre argent comptant.

Ainsi de Bagambire. Poursuivi par les tueurs, il s'est jeté à l'eau, en se dirigeant vers la rive opposée où il entendait des personnes qui l'appelaient. Là, on lui soutira sa montre et soixante-dix francs rwandais. Mais au lieu de le laisser partir, on le précipita de nouveau dans la rivière. Bagambire savait nager, il réussit à sauver sa vie.

Le témoin numéro 347 évoque le cas d'une femme, Mukamuranga Consolée, de la cellule de Gishyita, secteur de Rwahi, ex-commune de Shyorongi. À la recherche d'une cachette, elle tomba sur une bande de tueurs et tenta de s'échapper. Prise en flagrant délit de fuite, elle reçut un coup de machette. Le témoin offrit une somme de deux mille francs rwandais à la bande qui la jugea insuffisante. Consolée leur proposa d'aller chez un certain Kanamugire pour y chercher une somme de cinq mille francs rwandais. Ils s'y rendirent, prirent l'argent et elle eut la vie sauve.

Craignant pour sa vie, une femme tutsi mariée à un Hutu s'était cachée dans le secteur Kabuye de Rutongo. Découverte, elle fut rouée de coups de machette. L'un des tueurs demanda pourquoi tuer une femme ayant donné naissance à un enfant hutu. Sa remarque fut mal prise, mais il trouva de l'argent dissimulé dans le pagne de la femme, il le prit et le remit au chef de la bande. Les coups cessèrent, la femme eut la vie sauve, elle fut soignée et rejoignit son mari.

Le responsable de la cellule aurait donné l'ordre au témoin numéro 1094 et à sa bande de rechercher un nommé Rugerinyange « parce qu'il était Tutsi ». Il avait trouvé refuge à Buye (Butamwa), où il fut découvert. Il reçut une amende en boisson et une autre de mille francs rwandais. L'amende honorée, il fut laissé en vie.

Ces quelques cas témoignent d'une vie chèrement monnayée. La rançon à payer n'a pas toujours suffi pour avoir la vie sauve. Le témoin 575 fait l'aveu d'un crime qu'il a commis à l'insu de toute autre personne. En mai 1994, il a rencontré la fille de Ruvagihombo Aloys et il l'a tuée par noyade. Il dit : « Étant seul dans la cellule de Mutanda, j'ai rencontré la fille de Ruvagihombo Aloys. Je l'ai terrorisée et je lui ai demandé de l'argent, mais elle a refusé de m'en donner. Je l'ai noyée et je m'en suis allé. »

Dans la cellule de Nyamirembe, secteur de Rutonde, (ex-commune de Shyorongi), une bande de tueurs est allée chercher Nyirabakiga Marthe qui s'était cachée chez le témoin 499. Le groupe l'y délogea mais, au lieu de la conduire chez leur chef Mpitabatuma Fidèle qui les avait chargés d'aller à la recherche de cette femme, de leur propre initiative ils exigèrent d'elle la somme de vingt-cinq mille francs rwandais. Elle ne disposait pas de cette somme sur le champ, mais elle proposa de l'emprunter à une de ses connaissances, Murigande Emmanuel. Elle demanda aux tueurs de l'autoriser à se rendre chez lui. Ils refusèrent et l'envoyèrent directement à la mort par noyade.

Ceux qui à coup sûr échappèrent à la mort sans jamais avoir la moindre rançon à verser étaient tous hutu.

Le témoin 1246, marié à une femme tutsi, avait demandé au responsable de la cellule de Kanyabami, secteur de Rwesero (Butamwa), d'assurer la sécurité de trois de ses concitoyens, Torero, Twizeyimana Gustave et Gahima Moïse. Les responsables de la cellule le soupçonnèrent d'être « complice » des Tutsi. Les trois hommes et le témoin furent liés ensemble avec leurs chemises et conduits vers la Nyabarongo pour y être noyés. À la dernière minute, le témoin fut délié des trois autres et sauvé « parce qu'il était hutu ».

Le témoin 1219 évoque la mort de la femme de Bazatoha, qui avait cherché refuge chez un dénommé Uwihoreye qui aurait demandé aux tueurs de venir l'en déloger. Ce qu'ils firent. Ils la conduisirent aussitôt au bord de la Nyabarongo. Deux hommes armés de fusils l'obligèrent à se jeter dans la rivière et elle périt aussitôt. Sa mort provoqua un grand chagrin à Bayihakare Félicien, pourtant hutu. Il se précipita à son tour dans la rivière, en disant « le monde est fini » (*Isi irashize*). Mais on dépêcha des nageurs pour le repêcher et l'un d'eux remonta Bayihakire encore vivant. « On le retira de l'eau parce qu'il était hutu », dit le témoin.

Si l'on était tutsi, impossible d'échapper à la noyade et à la mort, même si les témoins n'hésitent pas à affirmer que certaines victimes se seraient jetées d'elles-mêmes dans la rivière…

La rivière Nyabarongo donne naissance à la rivière Akagera qui se jette dans le lac Victoria. La plupart des corps des victimes ont été jetés dans la Nyabarongo, mais d'autres se sont perdus dans les marais et les marécages qui l'entourent. La population riveraine du lac estime qu'elle a repêché entre vingt-cinq mille et trente mille corps.

Le gouvernement rwandais a évalué le nombre des victimes noyées à quarante-cinq mille[5]. La plupart ont été charriées par la Nyabarongo mais certaines ont été emportées par d'autres cours d'eau.

---

5 Voir n. 5, p. 126.

En 2009, une commission du Parlement rwandais[6] s'est rendue en Ouganda où elle a visité les sites dans le district de Masaka (Lambu, Namirembe, Ddimo, Malembo), dans le district de Rakai (Kasensero), dans le district de Mpigi (Ggolo) et un site sur les îles Ssese. À la suite de cette visite, a émergé le souhait de maintenir en bon état les sites mémoriaux et les corps endommagés qui ont été exhumés et regroupés sur trois sites mémoriaux.

Nous remercions les personnalités ougandaises, parmi lesquelles Thobani Mohamoud, et la Lutheran World Federation qui ont devancé nos initiatives en sauvant les restes des victimes noyées qu'elles ont respectueusement enterrées.

Antoine MUGESERA[7]

6 Voir p. 119.

7 Antoine Mugesera, ancien sénateur et ancien président d'Ibuka-Rwanda est l'auteur de plusieurs ouvrages mentionnés dans la bibliographie.

HISTORIQUE[1]

1885	Partage de l'Afrique entre puissances européennes. Attribution du Rwanda à l'Empire allemand.
1900	Fondation de la première mission catholique par les Pères Blancs à Save, dans le sud du pays.
1918	Le Rwanda passe sous occupation belge, mandat accordé par la Société des Nations (SDN).
1930-1932	Commencement d'une politique d'épuration et de remodelage des pouvoirs coutumiers. Le *Mwami* est déposé car opposé à l'Église et remplacé par son fils Mutara III Rudahigwa, converti au catholicisme.
1931	Introduction de la carte d'identité mentionnant l'ethnie.
1946	Passage du Ruanda-Urundi sous le statut de la tutelle belge au nom de l'ONU.
1954	Kayibanda Grégoire, ancien séminariste, est nommé rédacteur en chef du Journal *Kinyamateka*, édité par les Pères Blancs. Le roi Mutara III affirme ses orientations nationalistes, en même temps que la revendication d'indépendance du pays.
1955	Mgr Perraudin, Père Blanc suisse, est nommé vicaire apostolique de Kabgayi puis archevêque de Kigali, avec Kayibanda Grégoire comme secrétaire particulier.
1957	Publication du *Manifeste des Bahutu* avec l'aide de missionnaires catholiques. Le Tutsi y est désigné comme une race étrangère. Aide des Pères Blancs et du Mouvement ouvrier chrétien belge à la « révolution hutu ».
1959	Kayibanda fonde le Parmehutu, parti du mouvement de l'émancipation hutu.
25 juillet	Mort suspecte du roi à Bujumbura.
28 juillet	Intronisation de Kigeli V, dernier roi du Rwanda.

1 Source : Collectif des parties civiles pour le Rwanda (CPCR).

La Toussaint rwandaise	Premiers massacres de Tutsi (vingt mille morts) ; leurs biens sont pillés, leurs maisons brûlées. Exil vers les pays limitrophes. Regroupement des rescapés dans des camps dans le sud-est du pays. Début de la « Révolution sociale », lancée, appuyée et supervisée par l'Église, l'armée et l'administration coloniale.
1961	28 janvier, coup d'État. Proclamation de la République par Kayibanda. Élections et victoire du Parmehutu. Nouvelle flambée de violence anti-Tutsi, massacre et exode de milliers de Tutsi.
1962	1er juillet, indépendance de la République rwandaise. Premiers raids de réfugiés Tutsi entraînant des représailles massives sur la population civile tutsi : des milliers de morts en présence de l'armée coloniale belge. L'appartenance ethnique devient un élément déterminant de la vie sociale : accès à l'emploi, à l'éducation, aux postes administratifs.
1963	Orchestration du « petit génocide » de Gikongoro par Kayibanda. Assassinat de 10 % à 20 % de la population tutsi en préfecture de Gikongoro. Fuite de deux cent mille Tutsi vers l'Ouganda, le Zaïre, le Burundi. « Massacre le plus horrible et le plus systématique depuis l'extermination des Juifs par les Nazis », déclarera en 1964 Bertrand Russell.
1965	Élection de Kayibanda qui revendique 98 % des suffrages. Monopolisation du pouvoir par le Parmehutu. Armée et police sont réservées exclusivement aux Hutu, particulièrement à ceux du sud du pays. Présence dans l'armée de nombreux Hutu du Nord cependant.
1973	Février, nouvelle vague de persécutions anti-Tutsi : pogroms sanglants, expulsion des Tutsi de l'administration, de l'éducation. Épuration ethnique des élèves du secondaire et des étudiants de l'Université. Juillet : Coup d'État militaire d'un Hutu du Nord, Habyarimana Juvénal. Assassinat de plus de cinquante membres de l'administration et du gouvernement.
1974	Mort de Kayibanda. Habyarimana reprend à son compte la politique ethnique de son prédécesseur, mais en favorisant cette fois les Hutu du Nord.

1975	Le Mouvement révolutionnaire national pour le développement (MRND), parti unique, est fondé.
1976	Mgr Nsengiyumva Vincent, archevêque de Kigali, entre au comité central du MRND.
1979	Création au Kenya de la RANU (Rwandese National Union), qui deviendra le Front patriotique rwandais (FPR) en 1987.
1981	Engagement de nombreux jeunes réfugiés Tutsi dans la rébellion de Museveni en Ouganda.
1982	Jean-Christophe Mitterrand est nommé à la Cellule franco-africaine de l'Élysée qu'il dirigera jusqu'en 1992. Le président rwandais refoule quatre-vingt mille Tutsi expulsés d'Ouganda par Milton Obote. Forte mortalité dans les rangs de ces réfugiés affamés.
1983	Habyarimana est réélu avec 99,8 % des voix. Refus d'accueillir les réfugiés tutsi. Naissance d'une opposition démocratique forte. Amplification de la crise : multiplication des arrestations d'opposants Hutu du Sud.
1990	1er octobre, attaque du FPR depuis l'Ouganda.
4 octobre	Intervention française (opération Noroît) sur décision de François Mitterrand.
Nuit du 4 au 5 octobre	Simulation d'une attaque sur Kigali avec le concours des militaires français. Le jour-même, Habyarimana explique dans un discours que l'ennemi a attaqué la capitale. État de siège, couvre-feu intégral, appel à la vigilance et à la délation. Arrestation de dix mille Tutsi et d'opposants politiques hutu.
8 octobre	Massacre de Tutsi, un millier de victimes. D'autres massacres se poursuivront au cours des jours suivants.
Fin octobre	Appui des troupes françaises repoussant le FPR en Ouganda. Début de la guérilla. Retrait de la Belgique du Rwanda en dénonciation des crimes du régime Habyarimana. Seules restent les troupes françaises.
Décembre	Diffusion du texte raciste dit des *Dix commandements du Hutu* dans la revue *Kangura*.
1991-1992	Reconnaissance du multipartisme, manifestations populaires contre le gouvernement. Cessez-le-feu.
Mai 1992	Création des milices *Interahamwe*.

Juillet 1992	Déplacement de trois cent mille personnes en raison des combats dans le Nord.
Fin août 1992	Massacre de Tutsi dans la région de Kibuye (ouest du pays).
Novembre 1992	Habyarimana parle des accords d'Arusha comme d'un « chiffon de papier ». Mugesera Léon, membre du MRND, prône la liquidation des Tutsi.
1993	Nouvelle offensive du FPR arrêtée aux portes de Kigali grâce à l'appui français. Deux compagnies françaises sont envoyées au Rwanda. Massacre de Tutsi dans le nord du pays.
28 février 1993	Habyarimana appelle la population à la « défense civile du pays ».
4 août 1993	Signature des accords d'Arusha : mise en place d'un état de droit sous la responsabilité d'un gouvernement de transition à base élargie ; retour des réfugiés rwandais ; constitution d'une armée nationale de transition intégrant FAR et APR. Début des émissions racistes à la Radio-télévision libre des mille collines (RTLM).
Décembre 1993	Retrait des troupes françaises. Mise en place de la MINUAR. Le 27 décembre, la MINUAR compte mille deux cent soixante hommes.
1994	Blocage des accords d'Arusha : la faction présidentielle extrémiste refuse de mettre en place un gouvernement de transition élargi au FPR.
Mars 1994	La MINUAR compte deux mille cinq cent huit hommes.
4 avril 1994	Le colonel Bagosora déclare que les accords d'Arusha « n'offrent aucune garantie » et parle « d'exterminer tous les Tutsi ».
6 avril 1994	L'avion ramenant d'Arusha le président Habyarimana et le président du Burundi est abattu à Kigali. Les tueries commencent aussitôt.
9 avril 1994	Opération Amaryllis : la France envoie des troupes à Kigali, ainsi que la Belgique, pour évacuer les expatriés. Exfiltration de Madame Habyarimana et des membres de sa famille. Le gouvernement intérimaire se constitue à l'ambassade de France et au ministère de la Défense sous la houlette de l'ambassadeur de France et du colonel Bagosora.

21 avril 1994	Le Conseil de sécurité vote la réduction de la force de la MINUAR à quatre cent cinquante hommes. Le génocide peut se poursuivre.
Fin juin 1994	Opération Turquoise. La France prend le contrôle d'une partie du territoire rwandais sous prétexte de sauver les Tutsi. Cette opération permettra en fait d'exfiltrer nombre de génocidaires qui pourront s'enfuir par le Zaïre. Afflux de deux millions de Hutu au Zaïre.
28 juin 1994	Le rapporteur spécial de la Commission des droits de l'homme de l'ONU, René Degni-Ségui, établit dans son rapport d'enquête au Rwanda que les massacres ont été planifiés. Il conclut que les massacres des Tutsi sont un génocide.
4 juillet	Le FPR remporte la bataille de Kigali.
19 juillet	Mise en place d'un gouvernement d'Union nationale.
4 octobre	La commission d'experts formée par la résolution 935 du 1er juillet 1994 du Conseil de sécurité conclut, à l'instar de Degni-Ségui, qu'il y a eu génocide des Tutsi.
8 novembre 1994	Adoption par le Conseil de sécurité des Nations unies de la résolution 955 instituant le Tribunal pénal international pour le Rwanda (TPIR) pour juger les personnes présumées responsables d'actes de génocide ou d'autres violations graves du droit international humanitaire commis sur le territoire du Rwanda et les citoyens rwandais présumés responsables de tels actes ou violations commis sur le territoire d'états voisins, entre le 1er janvier et le 31 décembre 1994.

GLOSSAIRE

Abazimu : Ils représentent les esprits des parents morts. S'ils n'ont pas été enterrés en dignité, dans le respect des rites funéraires, non apaisés, ils errent et peuvent déclencher leur colère.

Akazu : « La petite maison ». Désigne le noyau dirigeant et familial du président Habyarimana qui a programmé et conduit le génocide.

Bararusimbutse : Désigne ceux qui ont échappé à la mort à la dernière minute. Littéralement « ceux qui ont sauté par-dessus la mort ».

Gacaca : Les juridictions *gacaca* (littéralement « le gazon ») s'inspiraient des assemblées traditionnelles où les sages du village réglaient les différends et les conflits de voisinage. En 2005, les juridictions *gacaca* ont été rétablies pour juger ceux qui ont participé au génocide, à l'exception des crimes de première catégorie qui relevaient du Tribunal pénal international pour le Rwanda (TPIR).

Gufata ku ngufu : « Le viol ».

Gukora : « Travailler » signifie exterminer les Tutsi lors des tueries et massacres quotidiens durant le génocide.

Humura : « N'aie pas peur ».

Ibitovu : « Le cactus ».

Ibuka : « Souviens-toi ».

Ibyitso by'Inkotanyi : « Complices des *Inkotanyi* ».

Imana : Dieu unique et ancestral du Rwanda. Il règne sur l'ensemble des esprits. Un proverbe rwandais dit : « Dieu se trouve partout, mais le soir il revient dormir au Rwanda. »

Inkirirahato : Tache blanche inaltérée qui demeure au sein du mélange de la farine de manioc et de l'eau. Sa blancheur tranche avec la couleur homogène de la pâte. Désigne celles et ceux qui contre toute attente ont survécu à la mort programmée par noyade.

Inkotanyi : Ceux qui se battent avec courage, « les invincibles ».

Intambara : « La guerre ».

Interahamwe : Littéralement « ceux qui travaillent ensemble ». Ce terme désigne ceux qui participent ensemble à la garde des barrières et aux chasses à l'homme. La milice des *Interahamwe* a été créée en 1992 par le MRND, parti du président Habyarimana.

Isi irashize : « Le monde est fini ».

Itsembabwoko : « Massacre d'un groupe ».

Itsembabatutsi : « Massacre des Tutsi ».

Iy'ubusamo : « Par le raccourci », par le chemin le plus court et le plus rapide, celui de la Nyabarongo, censé reconduire les Tutsi « chez eux », dans leur prétendu pays d'origine, l'Abyssinie.

Jenoside yakorewe Abatusi : « Génocide perpétré contre les Tutsi ».

Kamarampaka : Les élections communales de juillet 1960 sous contrôle de l'ONU ont été suivies le 25 septembre 1961 par le référendum décidé par l'ONU, appelé en kinyarwanda *Kamarampaka* (« qui tranche la controverse »). Il a abouti à l'abolition de la royauté en 1961 et à l'indépendance du Rwanda proclamée le 1er juillet 1962.

Kangura : Créé en 1990, *Kangura* s'est voulu une réponse au journal *Kanguka* (« Réveille-toi », sous-entendu peuple rwandais). *Kangura* signifie « réveille-le », sous-entendu peuple hutu).

Kuboboza : « Forcer à sortir d'une emprise », « violer », « s'approprier ».

Kujyana abana kubaha amata : « Venez, les enfants, on va vous donner du lait ».

Kurengerwa n'amazi : « Les crues saisonnières ».

Kwibuka : « Se souvenir ».

Muyaga : « Le vent » désigne les vagues successives de massacres des Tutsi.

Mwami : « Le roi ».

Ndagiye nimbaho tuzabonana : « Je pars, si je survis, on se reverra ».

Ndiyo : En swahili, « Ok ! »

Nimwihute mwe mugaruka : « Pressez-vous, vous-mêmes, vous qui pourrez rentrer chez vous… »

Nta mpongano y'umwanzi : Littéralement « Nulle pitié pour l'ennemi », surnom du gourdin pendant le génocide.

Ntaruka isigaye yuzura bitarigeze mu mateka yayo : « Le pont naturel de Ntaruka n'est plus à l'abri des crues comme il l'avait toujours été avant les massacres de 1963 ».

Subiruseke : « Retrouve le sourire ».

Ubuhiri : « La massue », outil de chasse et de protection.

Ubwoko, (pluriel *Amoko*) : Ce terme désignait à l'origine les clans rwandais, puis « l'ethnie » mentionnée sur les cartes d'identité (Hutu, Tutsi, Twa) à partir de 1930.

Umushambyo : Massue recouverte de clous recourbés pour arracher la chair.

SÉLECTION D'OUVRAGES

BIBLIOGRAPHIE

ALTOUNIAN, Janine, *La survivance*, Paris, Dunod, 2000.

ARENDT, Hannah, *Condition de l'homme moderne*, Paris, Calmann-Lévy, 1958.

CATTANEO, Cristina, *Naufragés sans visage. Donner un nom aux victimes de la Méditerranée*, Paris, Albin-Michel, 2019.

CHALAMOV, Varlam, *« Article 58 ». Mémoires du prisonnier Chalamov*, Paris, Gallimard, 1969.

CHRÉTIEN, Jean-Pierre et KABANDA, Marcel, *Rwanda, racisme et génocide. L'idéologie hamitique*, Paris, Belin, 2013.

DELBO, Charlotte, *Aucun de nous ne reviendra*, Paris, Minuit, 1970.

DOUKI, Caroline, *Corps perdus*, *En attendant Nadeau*, n° 95, 2020.

DUMAS, Hélène, *Le génocide au village, le massacre des Tutsi au Rwanda*, Paris, Le Seuil, 2014.

DUMAS, Hélène, « Comment juger un génocide ? », *Politique étrangère*, vol. 4, Hiver 2015.

GODARD, Marie-Odile, *Rêves et traumatismes ou la longue nuit des rescapés*, Paris, Érès, 2003.

GODARD, Marie-Odile, « Aux sources de la Nyabarongo. Des mots à la cruauté », in Neau, Françoise (dir.), *Cruautés*, Paris, PUF, 2004.

GODARD, Marie-Odile, MUNYANDAMUTSA, Naasson, MUTARABAYIRE-SCHAFER, Amélie et RUTEMBESA, Eugène, « La violence de la parole, quinze ans après le génocide des Tutsi au Rwanda. Des groupes de soutien psychologique dans le processus *gacaca* », *Manuel des psycho-traumatismes*, Grenoble, La Pensée sauvage, 2012.

GODARD, Marie-Odile, « Se souvenir et dire… Mais à quel prix ! », *Les Temps modernes*, n° 680-681, 2014/4.

HATZFELD, Jean, *Une saison de machettes*, Paris, Seuil, 2003.

HUMAN RIGHTS WATCH, « Shattered Lives. Sexual Violence During the Rwandan Genocide and Its Aftermath », *Human rights documents : Africa*, New York, HRW, vol. 3169, 1996.

IBUKA RWANDA, *Dictionnaire nominatif des victimes du génocide en Préfecture de Kibuye*, Kigali, 1999.

KAGABO, José, « Après le génocide : notes de voyage », *Les Temps modernes*, n° 583, juillet-août 1995.

KAGAME, Alexis, « Les quinze clans du Rwanda », *Les organisations socio-familiales de l'ancien Rwanda*, Bruxelles, ARSC, 1954.

KIMONYO, Jean-Paul, *Rwanda un génocide populaire*, Paris, Kartala, 2008.

KLEMPERER, Victor, *LTI, la langue du IIIe Reich*, Paris, Albin Michel, 1996.

MUGESERA, Antoine, *Les Conditions de vie des Tutsi au Rwanda de 1959 à 1990. Persécutions et massacres antérieurs au génocide de 1990 à 1994*, Kigali, Dialogue & Miélan, Izuba, 2014.

MUGESERA, Antoine, *Rwanda 1896-1959, La destruction d'une Nation*, Anthologie, vol. 1. Miélan, Izuba, 2017.

MUGESERA, Antoine, *Rwanda 1959-1962, La Révolution manquée*, Anthologie, vol. 2. Miélan, Izuba, 2018.

MUNYANDAMUTSA, Naasson, *Questions du sens et des repères dans le traumatisme psychique. Réflexions autour de l'observation clinique d'enfants et d'adolescents survivants du génocide rwandais de 1994*, Genève, Médecine & Hygiène, 2001.

NEAU, Françoise (dir.), *Cruautés*, Paris, PUF, 2004.

PANH, Rithy et BATAILLE, Christophe, *La paix avec les morts*, Paris, Grasset, 2020.

PANH, Rithy et HATZFELD, Jean, « Une mémoire des corps », entretien, *Vacarme*, n° 27, printemps 2004.

PRUDHOMME, Florence et MULLER, Michelle (dir.), *Cahiers de mémoire, Kigali, 2014*, Paris, Classiques Garnier, 2017.

PRUDHOMME, Florence et MULLER, Michelle (dir.), 2019, *Cahiers de mémoire, Kigali, 2019*, Paris, Classiques Garnier, 2019.

RICCI, Sandrine, « *Avant de tuer les femmes, vous devez les violer !* », Paris, Syllepse, 2019.

SAINT-EXUPÉRY, Patrick de, *L'inavouable*, Paris, Les arènes, 2004.

STERN, Jessica, *Déni*, Paris, Des femmes-Antoinette Fouque, 2020.

VULPIAN, Laure de, *Rwanda, un génocide oublié, un procès pour mémoire*, Bruxelles, Complexe et Paris, France Culture, 2004.

FILMOGRAPHIE

CASTILLO, Carmen, *Chili 1973, une ambassade face au coup d'État*, 2019.
MAKAREMI, Chowra, *Hitch, une histoire iranienne*, 2019.
MWICIRA-MITALI, Dady de Maximo, *By the Shortcut, Par le raccourci, Iy'ubusamo*, 2008.
VERSAILLE, André, *Rwanda, un génocide en héritage*, 2019.

INDEX DES NOMS

INDEX DES LIEUX

TABLE DES ILLUSTRATIONS

TABLE DES MATIÈRES

TROISIÈME PARTIE

EFFACEMENT ET TRACES

COLLECTION
« LITTÉRATURE, HISTOIRE, POLITIQUE »

Une collection interdisciplinaire attentive aux relations de l'écriture littéraire avec le fait politique, l'histoire et l'historiographie, à travers les siècles et dans l'espace mondial.

Retrouvez tous les titres de la collection en scannant ce code QR :

Et pour recevoir nos dernières actualités, abonnez-vous ici :